EU SEI COMO SAIR VIVO DISSO

TOM GRITO
2023

EU SEI COMO SAIR VIVO DISSO

malê

Todos os direitos reservados à Editora Malê

Editora Malê
Direção
Francisco Jorge e Vagner Amaro

Eu sei como sair vivo disso
2023

ISBN 978-65-85893-04-6

Capa e projeto gráfico
Daniel Minchoni

Diagramação e projeto gráfico miolo
Grasiela Cordeiro

Edição
Francisco Jorge

Revisão
Maria Isabel Iorio

Texto revisado segundo o novo Acordo Ortográfico da Língua Portuguesa

Dados internacionais de catalogação na publicação (CIP)
(Câmara Brasileira do Livro, SP, Brasil)

Grito, Tom
   Eu sei como sair disso vivo / Tom Grito. --
1. ed. -- Rio de Janeiro, RJ : Malê Edições, 2023.

   ISBN 978-65-85893-04-06

   1. Identidade de gênero 2. Poesia Brasileira
I Título.

23-179915   CDD-B869.1

Índice para catálogo sistemático:
1. Poesia : Literatura brasileira   B869.1
Tábata Alves da Silva - Bibliotecária - CRB-8/9253

Editora Malê
Rua Acre, 83/ 202 - Centro. Rio de Janeiro – RJ CEP: 200.81-000
www.editoramale.com.br
contato@editoramale.com.br

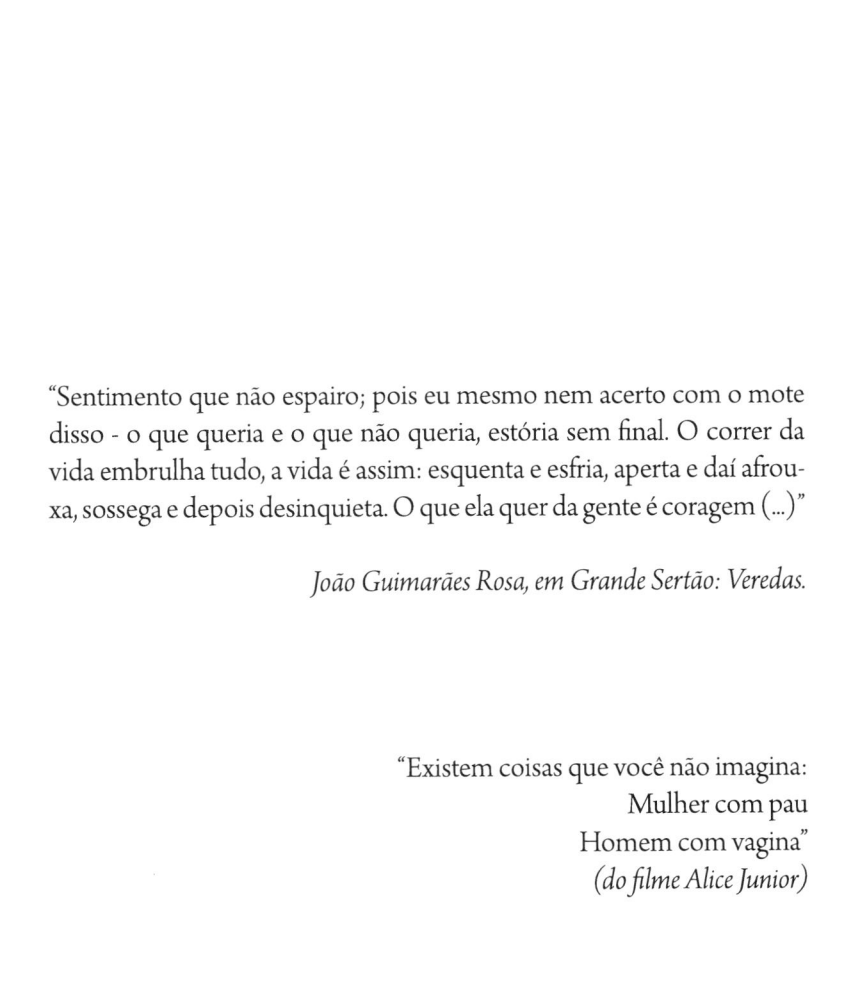

"Sentimento que não espairo; pois eu mesmo nem acerto com o mote disso - o que queria e o que não queria, estória sem final. O correr da vida embrulha tudo, a vida é assim: esquenta e esfria, aperta e daí afrouxa, sossega e depois desinquieta. O que ela quer da gente é coragem (...)"

João Guimarães Rosa, em Grande Sertão: Veredas.

"Existem coisas que você não imagina:
Mulher com pau
Homem com vagina"
(do filme Alice Junior)

Sumário

Dedicatória	11
Prefácio	13
O último poema	19
Um novo lar para meninos pretos periféricos viados que se suicidam - ou a busca da cura	23
Recado aos poetas	25
Da utilidade da existência	31
Distopia	37
Todo mundo vai virar bloGAYro	43
Eu não vou mentir	45
Saudade	47
10% verdade	49
Um minuto de poema	51
De volta para o futuro	53
Hoje é domingo	57
Rotina	59
Velório de tuas memórias	63
Tic tac	67
Quem planta Tâmaras, não colhe Tâmaras	71
Corpo	75

Tá tudo normal	77
Lembrar de substituir "mão suja de terra por mão VIVA de terra"	81
Palavravoando	83
Cortar	87
Nada a perder	89
Maquia vélico	93
Nunca fui de ter	95
I may destroy you	97
Matrix 4 - ou o filme que você não viu	99
Covid não tira tesão	101
O fim dessa pandemia	103
O clamor popular só existe com a organização popular	105
Mocamba Livre	109
Recado	111
passaopixpropoeta@gmail.com	113
Escrevo	115
No meio de tanta decepção	119
Pra sempre	121
25 dias	123
O amor da sua vida	125
Mentira	126

Mar amor	129
Você já pensou em morrer?	131
O que você quer ser quando crescer?	133
Eu sou	137
Motivo	139
De cada semente nasce esperança	141
Vem embora pro Rio, amiga	145
Tutorial	147
Declaro aberta a tempora de apaixonamento	149
Eu venho do culhão do mundo	151
Coração sudestino	157
Carta No.1 - Carta ao mundo dos falos	159
Eu sou como você	161
Me espera?	163
Os últimos dias de Gilda	165
Eu sei como sair vivo disso.	169
Eu desaprendi como se sonha	171
Os olhos tristes na moldura	175
Ainda dá tempo	179

DEDICATÓRIA

três filhos
Arthur, Otávio e Mavi
três amores
Andressa, Dani e Débora
três amigas
Genesis, Carol e Maria Isabel
três poetas
Marcelino, Luna e Giuseppe
três tias
Tia Nice, Tia Naid e Tia Loly
três curandeiras
Yá Wanda, Ana Paula e Natália
três trans
Wallandra, Aurora e Indianarae
três Marias
cinturão da constelação de Órion

- vocês me fizeram sair vivo disso -

PREFÁCIO

Tom,

Vou te escrever antes de escrever este prefácio ao leitor. É claro que o leitor pode ler, pois o que te escrevo é com ele, como o livro. Mas quero escrever pra você. Porque isso é um jeito de ler e também de me declarar, de me transformar. E é isso que esse livro, que o leitor agora tem nas mãos, faz.

Eu sei como sair vivo disso é o seu segundo livro de poesia. O primeiro se chama *Antes que seja tarde para se falar de poesia*. Se no primeiro, já no título, havia essa urgência, e essa ponderação, de que um dia seria tarde, de que um dia nosso ofício poderia desinteressar, perder o caminho, por causa da doença do mundo – há, neste, o perfeito ajuste do tempo: o tempo é este, aqui, onde acendo um cigarro e te leio, poucos dias depois de você sair da minha casa, de eu te fazer batata frita no almoço, dormirmos juntos como velhos amigos e acordarmos tarde como novas crianças, de você me deixar uma dobradura feita com o meu maço de cigarro, que na sua mão se transforma numa camisa de futebol. A camisa agora está pendurada na minha parede, e toda vez que você me faz isso, num bar, é porque estamos jogando no mesmo time, sempre perdendo juntos, aprendendo a perder suando. Não sem antes passar horas olhando os cantos do campo, revendo as regras, me perguntando por que não saímos na linha lateral junto com a bola, por que não cruzamos a fronteira e nos jogamos na arquibancada, para sermos pegos com as mãos e levados pra casa por um estranho.

Já faz anos que acompanho teus poemas na sua boca, na praça, junto a centenas de pessoas. Com a diferença de que a minha obsessão cata a mudança neles, e já te disse isso uma vez, como me emociona ver seus poemas crescerem. Estarem sempre um verso diferente. Porque eles acompanham a História, e a história se mexe. *Há sinais e sintomas de que o fim está próximo* eu sei de cór, mas nunca totalmente, porque toda vez que escuto há algo que você acrescentou. E desse modo eu preciso decorar de novo. Me mexer. Eu sei que você prefere falar os poemas do que deixá-los num livro, sei que o livro é um material pra você levar debaixo do braço e usar na hora de falar. Acompanho também sua voz mudar. A minha voz mudar com a sua. E, agora, que vejo seus poemas juntos, e recebo a tarefa de escrever sobre eles, estou na verdade falando, isto é, errando, à medida que falo e te ouço falar, e isso não se chama amor, se chama amor.

Estou apaixonada por uma peça de teatro que só conheço porque foi publicada em texto, mesmo que o autor também não quisesse muito, pois, assim como você, tem o texto como um lugar de fazer. Gosta de fazer o texto. Mas suas peças foram publicadas no Brasil, ele é um dramaturgo português, chamado Tiago Rodrigues, e escreveu essa peça chamada *By heart. By heart* significa de *cór*, expressão que tem o mesmo radical de coração. Nessa peça sua avó está perdendo a visão, e ler acelera o processo da perda. Sua avó então pede a ele que escolha um último poema para ela ler, como a última leitura de sua vida. Ele escolhe e então ela decora o poema. É um poema de Shakespeare, mas durante a peça ouvimos vários casos ao redor do mundo onde uma pessoa decora um poema, passa adiante e mais pessoas o decoram, e assim esse poema vive para sempre. No corpo das pessoas. No coração. Maiakovski, o pai dos poetas, já dizia: *Nos demais, todo mundo sabe, o coração tem moradia certa, fica bem aqui no meio do peito, mas comigo a anatomia ficou louca, sou todo coração.* E esse verso eu cito aqui, onde estou falando, porque sei de cór.

Numa entrevista, perguntado sobre qual livro escolheria salvar caso todos fossem queimados, esse dramaturgo responde que certamente seria um livro de poesia, porque só um livro de poesia é uma biblioteca inteira.

Pude ver num vídeo o Lirinha, num show do Cordel do Fogo Encantado, recitar de cór João Cabral de Melo Neto. *O amor comeu minha paz e minha guerra. Meu dia e minha noite. Meu inverno e meu verão. Comeu meu silêncio, minha dor de cabeça, meu medo da morte.* E a hipótese de Tiago Rodrigues estava ali: a plateia gritava, junto com Lirinha, todos esses versos finais do poema. De cór. Um show inteiro com o amor comendo-lhe a paz e a guerra.

Eu sei como sair vivo disso é essa decisão, a defesa dessa paixão, crença, obsessão. Se a vida de um poeta costumava ser secreta, um ofício conhecido pela publicação, a leitura voraz daqueles que já não estão mais na Terra e, portanto, pouco se sabe sobre eles, aqui essa lógica morre. Aqui o poeta está vivo, se perguntando se está vivo, dando todas as caras e todos os tapas. Aqui o núcleo nervoso não é o poema, é o poeta. Aqui o poeta está lutando com o mundo, consigo mesmo. Estamos vendo ele se mexer. Pouco importa se o poeta é você ou um amigo imaginário, se sou eu ou o leitor. Quem vai entrar nessa pessoa é o de menos, essa pessoa está aberta, em muitas posições. Está de frente, encarando, está chorando, está dançando, está se despedindo de um amor, volta a ser criança, está recebendo outro amor, está se reencantando. Está morrendo algumas vezes e saindo viva disso – e essa possibilidade, sabemos, é um segredo parecido com o poema. Ali onde as ideias mais contraditórias se deitam, em guerra, em paz.

Esse trabalho não é simples. O livro pontua uma coisa fundamental no nosso ofício, de poeta, que pouquíssimas vezes vimos ser pontuada em livro: o dinheiro. A falta dele. O trabalho de um poeta é encarado como uma profecia, como algo fora do mundo. Quando a poesia é justamente a invenção do mundo. A trabalhosa invenção do mundo, suor de juntar palavra com som e fazer outro sentido, algo que dure pra sempre nos nossos olhos. A poesia está no tempo ao mesmo tempo em que a poesia trai o tempo. O leitor dessa frase pode estar agora segurando o livro nas mãos um século depois de termos ido embora. E ali vai começar tudo.

E a desvalorização financeira dessa profissão, tão desprofissionalizada, sabemos, faz muita gente desistir de escrever, ou de viver. Sabemos que essas coisas estão muito perto. Interferem na vida e por isso interferem no poema. Há, em PALAVRAVOANDO, um exemplo dessa interferência. O poema diz *Eu sou poeta/ Digo/ Como quem corre mais uma maratona* – e até aqui poderia ser uma bela metáfora sobre a repetição de um esforço, talvez recompensado, mas o poema segue – *E sabe que no final da estrada/ Vai ter sempre alguém com poder/ A lhe por o pé na frente/ A lhe dizer/ Você não é ninguém.*

Se o poeta precisa viver, ganhar dinheiro, tomar banho, fazer amor, e a poesia está em tudo isso, estamos sempre dentro da nossa própria linha. E o corpo nem sempre funciona como foi previsto, porque está sendo escrito, e isso é uma das coisas mais profundas que eu conheço. Você reescreve Cecilia Meirelles, que escreveu *não sou alegre, nem triste/ sou poeta.* A poesia como terceira via do sentimento. Reescreve dizendo não sou mulher nem homem/sou poeta. O poeta é a derivação de gênero, é o trânsito, não é um meio do caminho, nem a pedra, é a pura possibilidade de andar, fazer passeio. Estamos falando da sua vida, que segue o poema explodindo para uma possibilidade irresistível: *Hoje sou tempo/Pessoa, ação ou performance.*

Há, neste livro de poemas, cartas ou textos endereçados também a amigos que são, não por acaso, poetas. Gênesis, Carol Dall Farra, Luna Vitrolira, Luz Ribeiro, Marcelino Freire, Mari Felix. Isso não é coincidência porque o seu fazer, meu amigo, nunca foi sozinho, o coração é um campo molhado de alianças, de proteção, e essas pessoas estão no livro como estão na vida: porque o corpo do poeta é precisamente o que está à sua volta. E em volta há violência e ternura. Como você mesmo escreveu: *Matar formiga com prego e chorar por ser a formiga de deus, ter medo de um prego gigante te acertar.*

Se a dor começa o livro, faz abertura, ela não necessariamente se dilui, mas recebe o tempo. Não posso dizer que é o mesmo corpo que atravessa o livro, nem quero. O corpo é também o que deixamos pra lá, distraímos, damos banho e trato. Corpo se desfaz, se refaz, sem saudade. Acordar com dois dedos a mais na mão é possível. É possível também se lembrar e se perder na mesma cena: *Ainda sei rebolar / Me gira na pista / Me lamba menine / Me encanta e me conta / Onde vamos chegar.*

Na elaboração dessa pessoa por onde você fala não há perdão. Está tudo ali, em todas as direções, inclusive a dos nossos defeitos: *o ano começou e você me acha um chato.* Há também, muitas vezes, com muita beleza, a dúvida: *Ontem vi um cara andando com um cabeção de Mickey pela cidade para faturar uns trocados com umas fotos. O calor que faz neste Rio de Janeiro não justifica usar um fraque vermelho de cetim. A roupa cola no corpo. Ao menos a cabeça parece larga e confortável. Às vezes. Eu gostaria de ter uma cabeça de anime para não ter de decidir se sou um homem ou um rato.*

O título já declara uma sabedoria. Sairemos vivos daqui. E o que segue daí não é um belo tratado, fragmentado, dissonante, longo, em apuros e em pruma sobre a figura do poeta – é *também*, mas fazendo isso você está conversando com qualquer um que esteja na vida. Porque é o que um poeta faz, principalmente quando escreve de cór. Escreve pra ser ouvido, depois, numa praça, de pé, diante de uma plateia, que hoje é você, leitor, aqui, guardando essas palavras no corpo e indo pro mundo, com elas.

Com amor profundo, da sua amiga. Maria Isabel.

O ÚLTIMO POEMA

A cada 3 minutos, um palhaço comete suicídio
A cada 30 segundos de rotina, 47 poetas são mortos
Cerca de 73% da população operária já foi, um dia, poeta
O genocídio de artistas pelo capital tem dados alarmantes
E confirmando as estatísticas
aqui jaz o poeta

O poeta morreu

Foi sufocado por contas a pagar
horários a cumprir
e metas a bater

- A rotina matou o poeta

Toda a sensibilidade foi congelada
e colocada em tubos de ensaio
para ser entendida por gerações futuras

O poeta agora pensa dentro da caixa

Pude ver seu corpo quase sem esperança
na porta do CCBB
rondando as estações de metrô

esperando que algum amigo lhe oferecesse um livreto

mas ninguém lhe ofereceu

E ninguém ofereceu lugar para a poesia, já cansada, se assentar

O poeta a carregou por um tempo em suas costas
Teve sonhos de por ela viver
mas não suportou viver com ela

Ali está o corpo do poeta
estendido no chão

Golfadas rubras de espírito líquido
escorrem de sua boca

A morte do poeta é também poesia

E é seu último manifesto

mas ninguém viu
ninguém percebeu

pois o corpo do antigo poeta
seguiu para o seu trabalho

um pouco atrasado
constrangido
sem ter como explicar
— não há desculpas

o poeta se burocratizou

e já não se diz mais poeta
tem orgulho de ser operário
(com foco, força e fé)
cumpridor de horário
tem emprego fixo
carteira assinada
e vai juntar seu décimo terceiro salário
pra comprar livros de autoajuda
e esquecer onde guardou seus escritos

talvez visite algum sarau, mas escondido

E se alguém perguntar
vai dizer que poesia é chato

vai dizer que precisou amadurecer
vai argumentar algo sobre realidade
sobre sucesso, dinheiro e estabilidade

vai fingir que conhece a felicidade

e citar o SunTsu pros desafios da vida.

É, não é fácil se assumir suicida.

UM NOVO LAR PARA MENINOS POETAS PRETOS PERIFÉRICOS VIADOS QUE SE SUICIDAM - OU A BUSCA DA CURA

para Daniel Marques

"Sejam bem viados"
diz o capacho em frente ao portal.
Capachos são simbólicos. Normalmente viram metáforas.
Aqui, metáforas são reais.
Entre tranquilo.

Sei que a luz pode incomodar um pouco seus olhos ainda cansados pela materialidade, mas não os feche muito, aqui é um local onde ninguém ofusca ninguém e todos brilham incessantemente.
Afinal, a vida aqui é repleta de luz.

Não era isso que você veio buscar?

Amar, pode. Viver de poesia também. Transformamos cada beijo em sopro e cada fôlego em profunda respiração. Aproveite pra se adaptar às novas asas e mergulhe.
Afinal, a vida aqui é repleta de poesia.

Não era isso que você veio buscar?
A voz de todos ecoa como um mantra, e todos sabem a hora de calar para ouvir. Fique atento ao instante.
Você também saberá.

Afinal, a vida aqui é repleta de compreensão.

Não era isso que você veio buscar?

Todas as manhãs ouvimos o canto dos pássaros, cheiramos as flores e rolamos nus em gramas úmidas antes de banhar nas águas doces que acalmam nossos corações. Há muito banzo da vida pregressa.
Afinal, a vida aqui é repleta de aconchego.

Não era isso que você veio buscar?

Não se preocupe com as contradições, nuvens poderão servir de solo e pétalas frequentemente flutuam junto da leveza das almas de nossos companheiros.
Afinal, a vida aqui é repleta de leveza.

Não era isso que você veio buscar?

O arco-íris tem cores mescladas e aponta sempre que você escolhe quando é manhã.
Afinal, a vida aqui é repleta de cores.

Não era isso que você veio buscar?

Ser feminino pode, ser masculina também, mas preferimos estes seres híbridos, gente livre que dança ao redor das estrelas. Vê aquele cometa? É Daniel que acabou de chegar e encontrou tudo que também buscava.

Dancemos.

(01 de agosto de 2017)

RECADO
AOS POETAS

Poeta,
O assunto que me traz até você
É emblemático, problemático
Estatístico e complexo
Eu sei que você sabe do que nos abala em profundo
Atento aos descasos, injustiças do mundo
E brada aos sete ventos
E aos 12 pontos cardeais
Eu sei bem que és um poeta
Um profeta dos novos tempos
Um trovador,
um griot

Sei também que você fala
da dor que te atravessa,
que contempla o mundo com calma
mas quer justiça às pressas
pois pra quem resiste à luta
três minutos é muito tempo
   - e quase nada -
pra quem ainda tem tanto por sonhar

Eu conheci outros como tu
Poetas, poetas também
que não puderam mais esperar

Não os culpo, não os julgo

Este poema não é sobre eles.
  - e para que descansem -
seus nomes não vou mencionar
…

Este poema até é sobre desistir

É sobre como a poesia me fez
desistir de me matar

E entender que vencer
não é nunca ganhar

E assim como os amigos que perdi

Também poetas

Eu também ando cansado

Poeta, eu sei que você sabe
que lutar às vezes cansa
mas eu venho aqui te falar

Poeta,
quero te pedir pra seguir fazendo com cada um de seus poemas
uma bolinha de papel
pra jogar neste grande
cis-tema de engrenagens

Você chegou até aqui.
   - Porra, poeta, tá de sacanagem?
Passou sua mensagem

Veio sozinho
Sem técnico, sem time, sem massagem
Não ganhou nenhum dinheiro
No máximo hotel, x-uber e ajuda pra passagem

Campeão no seu estado
Exemplo de resiliência, paciência
e coragem

Campeão no seu slam
Fortalecendo a comunidade

Explicando as injustiças
Para os de menor idade

Incentivando a leitura,
diminuindo o preconceito

Fornecendo solução
a quem pensa

que não vai ter jeito
Tornando nacional
cada micro revolução

Tornando cada poeta
esperança de transformação

Tornando cada ouvinte
no próximo a declamar

Tornando cada leitor
em propagador das
múltiplas verdades

Somos muitos,
Poetas

Somos todes, poetas
   - Somos uma multidão -

Mas de que vale o slam se a vida do poeta for interrompida em vão?

Por isso eu te abraço
e te peço, poeta

Nada vale nesse jogo
mais que a sua vida
   - Já basta o estado que é genocida -

Eu não aceito mais nenhum poeta suicida

Já ouvi de Jazz[1], de Joelle[2], de Luz Ribeiro[2] e de Guimarães Rosa[4] essa mensagem

Por isso aqui vos repito
Poetas,
"o que a vida quer da gente é
Coragem!"

---

[1] Jazz Orimauá @menino_jazz
[2] Joelle Taylor @jtaylortrash
[3] Luz Ribeiro @luzribeiropoesia
[4] Guimarães Rosa - autor de *Grande Sertão: veredas*, de onde essa frase foi retirada e adaptada

DA UTILIDADE
DA EXISTÊNCIA

Sabe por que as pessoas existem?

Errou quem respondeu produzir, trabalhar, procriar.

Errou quem respondeu qualquer verbo utilitário

As pessoas não existem para serem úteis.

  - As pessoas existem -

Existir.
Verbo intransitivo.
Não pressupõe complemento.

Ninguém existe para algo.
  - Todo mundo apenas existe -

O sentido de utilidade cada um dá ao seu sentido de existência
mas a gente cai em muitas demandas que não são nossas.

Vivo tentando suprir um sentido que
  - pressupõe pressões -
sobre minha própria existência.

Eu existo.
Nem porque penso,
nem porque gero,
nem porque produzo.

Talvez por respirar,
talvez por ter sido gerado,
talvez por estar vivo.

Estar vivo em si já é um verbo subutilizado.

Vivo trancado num quarto
sem poder realizar o que pensava ser possível
num mundo infinito de possibilidades
eu estou reduzido de oportunidades.
Então vou levando.
Vou levando talvez não fosse exatamente a vida ou a existência que eu
gostaria, mas é a que me é possível no momento.

Eu,
improdutivo e impotente
sou apenas um ser vivente
em busca de uma existência não utilitária do sensível.

Eu,
poeta,
ser que me expresso
na medida em que posso
pelas palavras que escrevo e falo

estou cansado

de não saber ser o que se espera de mim,
não querer ser o que se vende de mim,
não querer ser produto do capital e do meio.

Querendo apenas viver, ser e existir.
Tocar de volta o que me é tátil,
beber de volta o que me é sedento.
Provar de volta o que me degusta.
Cheirar o que me perfuma,
alucinar o que me estimula.
Acalmar o que me inspira.
Meditar o que me...
zzzzzzumbido persistente.

Tente,
tento,
tentação.
Provação.
Controlar os demônios que me rondam e que me chamam pro fim.

Interrupção.
Aperto o interruptor do disjuntor cerebral que me impulsiona à pulsão de morte.
...
Mais uma vez eu tive sorte.
Alguma paz que rondou,
confortou...
   ... alguma memória de autoencontro uterino

onde fui eu e meu casulo
pleno
preenchido de mim mesmo.
Eu, inteiro.
Existente.
Consistente.
Persistente.
Poeta. Potente.
Contente.
Com todos os dentes,
   - ou sem nenhum deleite -

Sem medo.

Eu lembro.
Eu já soube como era saber pra onde ir.
Eu já soube como era não ter medo.
Eu já soube como era não ter de esperar pelo encontro comigo mesmo.
Eu já soube como era não esperar de ti mais do que podes dar.
Eu já soube como era existir.

E era pleno.

Lembro bem quando o universo me escorreu pelo ouvido esquerdo no banho,
tinha eu uns seis anos nessa vida passada, euns5milhõesdeexistênciaeconhecimentoqueseexpressaramemespiralatravessandooespaçotempoem5minutosluzclarãomultidãodemimbumbigBangburaconegrotrovão,

- eu sabia -

Eu saí chorando do banho e falei praquela que me gerou
do mesmo jeito que hoje eu falo praquele que eu gerei de mim,
   - ser em expansão -

Eu existo.
E isso dói.

Dói porque
umuniversoemexpansãonãocabenumacaixarotuladagaláxiagravidadep
lanetasistemasolarquesejanãocabenumacaixalácteaviaetéreameteórica
vidaestelarficcionalAtlântidamarítimaterrestreequatorial.Nãocabeoco
nhecimentodomundonumacabeçabrancaqueseja, d e s a b e d o r i a e d
o p a s s a r d o t e m p o, não da sua pele.
Nãocabenumapeleaindaquepelancaaindaquemurchaaindaquemolee
flácidaNãocabeemcadaumessamultidãonãocabeemvocênãocabeemm
imessacompreensãonãocabesónessavidanãocompreendeessatransfor
maçãonãocabeoexistirnãocabenavidanãocabenaprópriafénãocabenoc
orpoOElixirnãocabenaidadenãocabenotemponãocabenojulgamen
tonãocabeemmim...

Cabe não.

Não se acabe, não.

DISTOPIA

Há sinais e sintomas de que o fim está próximo

Homens da lei que matam crianças
Homens que fazem leis que condenam mulheres
Corpos pretos que sofrem a paixão e a ira
mas quase nunca o afeto
Copos de vidro que preenchem a solidão líquida,
a euforia rápida, o prazer fluido

Corpos de carne que quebram como vidro
devido à falta de densidade dos afetos

Óculos e corações de fundo de garrafa
para enxergar as ausências
para beber as carências

 - Mais uma dose, por favor -

Um cachorro engarrafado,
um cachorro-quente
e pipoca
pra assistir ao fim
em poltronas reclináveis
de 100% couro animal

num ambiente refrigerado
a 23 graus celsius,
imune à oxidação de minha testa de ferro,
imune à despressurização dos oprimidos,
imune ao CFC que rompe as camadas de ozônio,
imune aos lactobacilos, aos estafilococos,
imune aos preto-pobre tudo,
imune ao cis-tema.

Bunkers subterrâneos de riqueza envelhecida
   - em malte e fermento -
aquecerão o ouro e diamantes
em lava vulcânica
abaixo da crosta
camada terrestre.

Do pó viemos, ao pó voltaremos.
  – Mais uma carreira, por favor

que essa de professor já quase nada me ensina,
que esses alunos já são fortes demais
que esses alunos já são fortes demais
que esse cis-tema é pesado demais

  – Mais uma carreira, por favor

que essa de poeta
já não me cabe
que nenhum livro jamais se abre
que faz tempo que ninguém

aprendeu a ler
e eu já tô rouco de tanto gritar
e os ombros estão cansados do braço erguido com punho cerrado

Há sinais e sintomas de que o fim está próximo

E eu torço pra que ele chegue logo,
que chegue antes do golpe
   - ah, não -
que chegue antes de prenderem o Rafael Braga
   - ah, não -
que cheguem antes de prenderem o Rennan da Penha
   - ah, não -
que cheguem antes de prenderem a Preta Ferreira
que chegue antes de matarem
a Marielle, a Matheusa, o Marcos Vinícius, a Ágatha, o Miguel, o João Pedro...

que chegue antes daqueles caras elegerem aquele outro presidente
que chegue antes da minha vizinha apanhar novamente do marido,
e que ela consiga fugir, sem ser morta por covid, desta vez.

Há sinais e sintomas de que o fim está próximo

E eu espero que ele chegue antes de eu sentir novamente o fracasso
De não poder erguer a voz e o braço
e ter de engolir esta *TAPA NA BOCA* (porra)

depois de pagar *TAPA NA BOCA* (boquete)
pra esse sistema macho falocêntrico e branco
que *TAPA NA BOCA* (goza) na nossa cara e nos chama de
TAPA NA CARA (puta)
pois somos pagos para manter seu prazer e privilégio capital
de cidadão do bem

Há sinais e sintomas de que o fim está próximo

E hoje já faz 7 anos, 9 meses e 21 dias
que eu não uso nenhum entorpecente que me engane
e tire o peso dessa lucidez cortante
   - que me inflama o peito e dilacera a carne -

cada vez que uma mulher ou criança é arrastadas, ou
cada vez que trabalhadores enclausurados num tubo de metal (como gado)
passam por cima do corpo morto de outro trabalhador,
aliviados por não se atrasarem mais pro trabalho.

Estou lúcido...
Penso que estou.
Há sinais e sintomas de que o fim está próximo

E eu não julgo quem não usa açúcar ou não escreve metáforas pois
manter a realidade debaixo dos pés
e o coração dentro da boca
é decisão sábia nos dias atuais.

Há sinais e sintomas de que o fim está próximo

E eu só tenho uma certeza

...

O Amor não precisa de cura.

TODO MUNDO VAI VIRAR bloGAYro

Amor, volta pra casa
Não era pra você ter saído
Mantenha ao menos um metro de distância
Vem cá, encosta seu cotovelo no meu.
A Maria Isabel me falou por Skype ontem que até o final da quarentena todo mundo vai virar blogueiro. Ela nunca tinha usado chamada por vídeo, acredita?
Desde que voltei do Uruguai a minha mulher me beija com medo.
As minhas amigas desconfiam da minha imunidade.
Eu não visitei minha tia. Ela acabou de descobrir com isso que é idosa.
A médica da TV é idosa e saiu pra trabalhar.
Teve uma idosa que morreu cuidando dos patrões ricos que chegaram de viagem.
O Brasil tinha 349 infectados até ontem.
Eu não lembrava o que era progressão geométrica, eu sou de humanas.
A comitiva do presidente já tem 17 casos de infectados, menos ele.
Hoje eu vou ter que ir ao banco e comprar álcool gel.
Se o presidente estivesse infectado, eu teria esperanças na justiça do vírus.
Mas, se a gente vai nessas crendices a gente acaba criminalizando soropositivos e LGBTQIs. É a arma que eles usam contra nós.
Eu fico pensando se há alguma coisa para além disso.
Sempre há alguma conspiração secreta a desconfiar.

Eu tô me sentindo velho. Tenho doenças crônicas, diabetes e hipertensão, mas não sou idoso.
Espero um dia ser.
Espero ser um idoso que possa abraçar os netos.
Espero poder tocar mais que os cotovelos da humanidade.
Enquanto isso, falo poemas.
Quem sabe, até o final dessa quarentena vc goste de meus poemas e eu também vire blogueiro.
Poemas são sempre a melhor forma de contágio.
Fiquem vivos.

EU NÃO
VOU MENTIR

Por isso eu vou ficar em casa. Escrevendo. E falando sozinho pra essa câmera, tentando mais uma vez contagiar você.

SAUDADE

Ler um livro
Escrever um poema
Pegar um sol
Amar
Ler um poema
Pegar um livro
Escrever um amor
Solar
Ler um amor
Escrever um sol
Pegar um poema
Livre

10% VERDADE

Eu vesti branco pra exercitar a fé. Acreditar é algo difícil para alguém cético como eu. Muito mais fácil que acreditar é imaginar. E na Criatividade mora nossa solução e nosso perigo.
O ser humano utiliza apenas 10% do seu cérebro, ouvi dizer. E hoje, quando pesquisei, era fake news.
Pra fazer amigos e influenciar pessoas, um coach de 1937 criou essa informação. Outros dizem ter sido Einstein, mas não há fontes que comprovem esta informação.
Todas as minhas memórias de resultados possíveis estão contaminadas por estereótipos, cataclismas, redenção, superação, coaches de live e mitos religiosos. Isso sem mencionar finais mais trágicos.
A memória é quem ativa o medo e a ansiedade.
Eu não sou o roteirista da nossa Distopia.
Não tenho a cura, e apesar de ter formação, eu não vou me cadastrar compulsoriamente como os salvadores da Saúde.
No momento meu pedido de controle faz um pacto com a vida e com a autopreservação das espécies.
Eu não sonho com um futuro higienizado, branco e limpo.
Eu sonho com o pé vermelho, descalço, a mão suja de terra e morder uma fruta no pé da árvore sem escovar sua casca com água sanitária antes.
Eu não sou o roteirista da tua Distopia.
Conheço o fim do mundo de outras histórias e nunca gostei do final.
Meu roteiro é outro.

Nele tem cura, coletividade e afeto.
O mundo ainda não acabou.
Eu não tenho repertório que me leve ao que pode acontecer.
Eu não tenho a cura.
Mas eu preciso que a gente acredite que há mais do que três possibilidades de continuidade para esta história.
A história das nossas vidas ainda está longe do final.

UM MINUTO
DE POEMA

A gente roda, roda e não sai da sala pro quarto, do quarto pra cozinha, três voltas ao redor dos pés, um zunido persistente na cabeça e a sensação de que eu já vivi o fim do mundo na semana passada. Já faz tempo que ninguém faz nada. O trabalho cancelado, o futuro improvisado, ao menos minha companheira, ao meu lado. Aqui ainda há abraços. Mesmo não tendo muito espaço, mesmo eu sendo traído pelo cansaço. O futuro é incerto, mas eu já sei meus passos. Vou seguir vivendo do mesmo jeito. Um dia de cada vez, sem fama, sem dinheiro. Um poema, de um minuto, até contagiar vocês.

DE VOLTA PARA O FUTURO

Meio copo de mate, meio de limão
sem saber a procedência da água
chamar o vendedor de mermão
Filtro solar pela hora da morte
Eu com cara de camarão
Rasta Beach, sem bad trip
Pôr do sol, reggae, mar
e multidão
Eu sou uma aglomeração

Meu time no peito, bandeira na mão
Subir a rampa como quem chega ao planalto
O lugar mais alto de uma nação
Descer as escadas rumo às arquibancadas
Assistir da geral, chamar o juiz de ladrão
É título, é raça, é abraçar quem tá do lado
É tetra, é penta, é campeão
É sentido de justiça e coletividade
Eu sou uma aglomeração

Ir pras ruas por nossos direitos
E gritar por cada indignação
Fugir de bala de borracha

E te encontrar, falar mal do patrão,
Máscara, vinagre, leite de magnésio
no lugar de álcool gel e lavar a mão
Beber uma cerveja pra aliviar o golpe
Encontrar os aliados, reclamar do padrão
Planejar um candidato, um sonho, uma utopia
distribuir santinho no ponto do busão
votar em alguém que eu respeite
planejar uma nova revolução
portar uma bandeira com orgulho

Escrever um poema até decorar
Sair com ele, caderno na mão
Ir em cada sarau pra testar
do público a primeira reação
Encontrar os amigos, ficar ansioso pra falar
Dar um beijo no Emerson, no Sérgio Vaz, na Ivone Landim, no Chacal
e no João do Corujão
Ajustar o poema, oralizar
sair com ele, inscrever num slam
Repetir e gritar - CREEEDO
até ele ganhar
ver em cada jovem uma transformação
Falar poesia na esquina ou na escola

Croquete, pagode, benção de vó
as tias dançando, cerveja na mão
criança correndo, torta salgada
cheiro de alfazema e manjericão

batuque, afeto, ancestralidade
piano, tantam, berimbau, violão
laje, quintal, amigos, abraço
Eu sou uma aglomeração

HOJE É DOMINGO

Pede cachimbo.
Evito fumar pois no momento evito alucinações e aglomerações.
Depois de ver tantas máscaras caírem é até confortável cobrir o rosto para evitar gotículas respiratórias.
Eu babo quando durmo e cuspo quando falo.
Permaneço aqui no meu quarto, ou no banheiro, onde sou o líder e hoje sou o líder .
Não, o que estamos vivendo não é estresse pós-traumático. O que estamos vivendo é o trauma.

Hoje é domingo
pede cachimbo
o cachimbo é de barro
bate no jarro
o jarro é de ouro
bate no touro
o touro é valente
machuca a gente
a gente é fraco
cai no buraco
o buraco é fundo
acabou-se o mundo

ROTINA

Escrevo esse texto quase que por obrigação
Disparo o relógio pra exercitar a escrita e ver se ainda me restam poemas
Lá se vão 40 dias, 47
1, 2, 3, isola...
O isolamento
Isola a mente e
Solamente
Eu só
Lamento
nunca ter mentido
sobre as minhas verdades
O aconchego que vivo é o da família e o da comida
Me sinto sempre culpado pelo capitalismo que não escolhi, tal qual o s(c)istema, com C, que nos impõe padrões e distâncias

Ao longe ouço uma música cafona de algum DJ solitário na vizinhança

47 dias saindo somente o necessário

Lembro que "falar ao motorista somente o necessário" parecia tão deseducado
Saudade de falar:
— Bom dia, piloto!

Ontem uma amiga telefonou, depois da meia-noite, não era pra dar bom dia...
Trazia notícias de coletivos de favela
Penso formas de conectar nossas redes:
EPI
Operação
Remoção
Sanitização
Oxímetro
Há muitas palavras novas para um
Velho Genocídio
que segue em curso
- AUSÊNCIA DO ESTADO -
Voluntários sobrecarregados
Ansiedade
Dor de estômago
Demoro a dormir
e tento rir de piadas de classe média que não consegue entender a realidade dos moradores de favela num grupo de Whatsapp.
Comprometo-me somente com o que posso cumprir.
Devo fazer alguma Live
Organizar um movimento
Inaugurar um carnaval
Desorientar um monumento na Central do Brasil
Eu sigo citando Caetano sem querer
Enquanto descubro que Gregório de Matos costumava copiar frases Barrocas como mote.
No Barroco não havia o conceito de plágio. Na Antropofagia também não.
...

Reluto em olhar pra dentro porque só acho belo o que não é espelho
mas neste momento é necessário
me entender
me reconhecer
me reconectar
NÃO sou coach
E a programação neurolinguística me hipnotiza dizendo que o cérebro
NÃO reconhece a palavra NÃO
EU SOU TOM
minha própria palavra
NÃO
NÃO
DESCULPE
ISSO ERA PRA SER UM POEMA

VELÓRIO DE TUAS MEMÓRIAS

Amiga,
Eu lamento a sua perda, eu respeito o seu luto, eu venho aqui
demonstrar meus sentimentos porque você ainda chora a morte dela.
Eu também tenho muito carinho pela memória dela e honro a vida que
ela viveu.
Onde quer que ela esteja, Letícia, que Deyse a tenha.

Mas eu preciso te contar.
Eu não morri, eu transicionei
Algumas religiões acreditam que a morte é mesmo um tipo de transição
Mas seria mais fácil ver seu luto sem estar presente no corpo e na
memória que tu velas

Não, eu não sou mais ela.
E entendo como deve ser difícil constatar isso e não reconhecer a sua
amiga e não me reconhecer em mim
Eu até costumo ser paciente e nem reclamo tanto nas vezes que vc erra
meus pronomes e me chama pelo nome de alguém que não reconheço
mais.
Você pode até pensar que foi uma escolha política
Mas me diz o que não é político num corpo que se expressa fora do
padrão?
O que não é político na escolha de não tentar mais se ajustar e passar a

se aceitar, e não mais se odiar, o que não é político na escolha de viver plenamente e lutar por este direito?
Tudo é político enquanto houver uma mulher preta que chora a morte de um filho desaparecido ou assassinado.
Enquanto houver um idoso sem teto ou um jovem sem oportunidade de estudo
Enquanto houver uma travesti com fome ou
ou uma criança sendo prostituída
tudo é político
porque significa que politicamente fracassamos enquanto coletividade
Fracassamos enquanto empatia

Fracassamos enquanto empatia
quando queremos olhar no outro
as nossas escolhas pra aquela existência
Fracassamos enquanto empatia
quando julgamos a vida de outra pessoa
menos digna do que a nossa
Fracassamos enquanto empatia
quando julgamos as escolhas de alguém
E o que é escolha quando estamos falando de identidade ou orientação?
Você acha mesmo que alguém escolhe ser LGBT no país que mais mata LGBT?
E se esse alguém era sua amiga
Sua amiga, que vc trocava ideia e desabafava sobre as suas escolhas políticas de ser no mundo. Essa amiga que vc não consegue chamar de amigo porque não consegue olhar nos olhos, porque não aceita falar os pronomes que ele quer ser chamado.
Aí vc não fracassou apenas com a empatia
Você fracassou enquanto amizade

Porque um corpo que transiciona só quer ser aceito no mundo, politicamente, da forma que se reconhece
Um corpo que transiciona só quer ter direitos no mundo de poder se expressar sem dor e sem medo
Um corpo que transiciona só quer ser amado e ter amigos
Mas se as amigas se afastam, não acertam os pronomes, não aceitam o nome
Não olham nos olhos
Não aceitam mais você
No começo a gente tenta entender, se submete, aceita o nome errado, o pronome errado, mas aí isso faz pensar que é um corpo errado, ou uma pessoa errada e lembra que errada é essa violência diária de ter de se submeter e lembra que não vai mais deixar um armário pesando sobre os ombros, nem sobre a cabeça, e quem quiser que me esqueça e quem quiser que fique pra trás, amarrado no passado, e quem quiser que não venha mais andar ao meu lado e quem quiser que diga que nunca me conheceu.

Na próxima vez que a gente se encontrar, se a Pandemia acabar, ou se você tiver que velar um corpo de um parente, e eu te ligar, ou no dia em que por acaso esse corpo seja verdadeiramente o meu

Espero que não seja mais tarde pra que você se lembre de nossa amizade
e venha pedir desculpas dizendo que da sua transfobia
você se arrependeu
Mas amiga, assim já não te chamo,
já não te amo, já não me engano
já não me arrependo de ser pleno

E se você ainda chora a morte de Letícia Brito

antes ela do que eu
Pra você, ele,

Tom Grito

TIC TAC

Já não conto os dias
Viro a ampulheta da paciência e os grãos de instante escorrem e tilintam em interrupção ao silêncio.
Ao longe, alguém clama pela freguesa, oferece algo que não consigo identificar, torço que sejam poemas.
Também clamo por compradores de poemas em meio aos versos que declamo frente ao autorretrato/selfie/incômodo.
É sempre incômodo ver-me
a mim.
Verme de mim,
verme
elho que fico
de minha timidez.
Mas tenho achado essa cara
a cada dia mais bonita,
não sei se por hábito
- ou testosterona -
Habito neste corpo
que agora
só ouve o carro de som:
- "de legumes selecionados, ovos brancos, branquinhos e legumes selecionados"
A meritocracia dita regras até sobre os hortifrutigranjeiros
...

e lembro de tomates que atravessam as ruas em piadas bobas de galinhas mal intencionadas.

O silêncio interrompido pelos estampidos e pelos gritos do vendedor jamais será denso o bastante para substituir o zunido persistente que habita em mim.
Sigo pensando em formas de en
cantar po
éticamente
pessoas
(e fingindo que)
escrevo pra ti.
A escrita é prática egoística de
salvar-me a mim
de não ter pra onde ir.
Escrevo para saber quem sou, de onde vim e para onde vou. Ainda que por hora eu precise ficar aqui isolado. Há que se ter movimento. Ainda que de trans
lação, rot
ação, gravitação ou
transição.
A gravidade
dos fatos segue em curva exponencial, e
sigo lutando por oxímetros, termômetros, EPIs, cestas básicas, auxílio, emergências, justiças,
sem fama, sem patrocínio, sem rumo, sem prumo,
(sem mãe),
sem
perder a esperança,
sem

desistir de lutar,
sem
parar de pensar
em como podemos
juntos reagir e transformar

E pra você que acredita em meus poemas, freguesa...
aceito cartão, aceito PicPay, PayPal e transferência bancária.

Quem planta Tâmaras, não colhe Tâmaras

Meu amigo cozinheiro postou a foto de uma receita no Facebook, ingrediente principal, Tâmaras.
Ele tá morando há dois meses na Arábia Saudita porque teve seu vôo cancelado por conta do Lockdown e conseguiu um emprego como cozinheiro em um restaurante. Na legenda, o ditado que agradecia "quem planta Tâmaras não colhe Tâmaras"
Brasil, terra que "em se plantando tudo dá"
e "a terra vale pelo que produz, mas pode valer mais pelo que esconde": Condomínio, IPTU, campo de golfe, petróleo, mineração, nióbio, ouro, latifúndio, gás natural, urânio, propina...
8 milhões, 511 mil quilômetros quadrados e um pedacinho de terra resolvia o problema de cada um: Reforma Agrária.
Agro é tech
Bala é pop
Bíblia é tudo
A santíssima trindade parlamentar boi, bala e bíblia controla o que se planta, quem planta e a quem se dá.

Na última semana 2 jovens pretos foram assassinados pelo Estado no Rio de Janeiro no momento em que seus coletivos faziam ação social de distribuírem cestas básicas.

A justificativa da polícia é que eram criminosos e vendiam plantas

proibidas.
As famílias negam, os coletivos testemunham.
Criminalização da solidariedade na pandemia.

Brasil, em se plantando, tudo dá
A terra vale pelo que produz, mas pode valer mais
Genocídio de pobres, pretos, indígenas, reintegração de posse, milícia...
O controle da terra pode valer mais do que quem planta.

Carreata para a retomada da economia
20 mil vidas perdidas por Covid no Brasil

Em caso de doença, cada pessoa infectada pode contagiar outras 3.
Essa mesma pessoa pode plantar ao menos 3 legados: um livro, um filho, uma tâmara.
60 mil sonhos interrompidos que talvez fossem as soluções pros problemas de agora.
Brasil acima de tudo
Deus acima de todos
Terra que em se plantando tudo dá

Planta cana e algodão - colhe escravização
Planta café - colhe capitão
Planta Canabis - colhe criminalização
Planta os pés - colhe reintegração
Planta guaraná - colhe cloroquina e Tubaína

Há que se manter a saúde mental
Acreditar nas Tâmaras, nas Babosas (não nas baboseiras), nas pimenteiras e nas espadas de São Jorge.

Não haverá justiça na colheita enquanto não houver feijão para todos

Enquanto os tempos de fartura não chegam
planto poemas

Em tempos de pandemia
há que se regar a esperança
para aguardar que se
frutifique em futuro.

CORPO

Espaço em que habito
trans_trumento de in_formação
Dois corpos não ocupam o mesmo lugar no espaço
Inter_textualidades
Inter_seccionalidades
Audre Lord explicaria caso queira ouvir que todo oprimido também pode oprimir
.
Alguém culpa Paulo Freire
.
A nenhum opressor cabe ser anti_opressão
.
Mesmo que esteja na moda
.
Chinelos velhos carregam meus casulos entre a sala e a cozinha de meus pensamentos
.
O isolamento social favorece os períodos de
intro_inspecção.
Meu casulo casa corpo se recolhe enquanto me nascem pêlos em poros nunca antes visitados
Acaricio meus pêlos como quem germina sementes de mamão ou papoulas.
O tempo faz crescer

ideias e soluções para as tentativas futuras de sub_versão da cisheteronormatividade.

Enquanto isso, leio Álvares de Azevedo enquanto planejo o velório de meu cisheteronimo. Não quero vender livros de alguém que não vivi.

Borboletas não ficam apenas no estômago.

Borboleteio em selfies semanais para autoreconhecimento do processo de esimesmar-me. Em_mim_mesmar-mento.

Em mim mesmo, mar e vento.

Em mim mesmo, furacão.

Cada gota de orvalho negada ao sereno será recuperada em tempo de vida futuro, anseio.

Vi uma foto do National Geographic onde velavam um corpo contagiado, embalsamado em plástico filme.

Já não abraço mais.

Não ando sem máscaras.

Tenho medo de plástico filme e do potencial explosivo de um plástico bolha.

Sinto falta do tempo em que pensava ter visto fadas no lugar de gafanhotos.

A casa corpo terra não parece segura desde que li que aqui é o lugar que mais mata LGBTIAQ+

Saí de máscara e um boy perguntou.

É potranca ou é potranco?

Meu medo não me permitiu responder que era sua avó montada na éguinha pocotó.

Pocotó pocotó pocotó

Perdi o rumo deste heyoh silver, poema

Já não penso em galopar, penso apenas em não ter de lavar as mãos ao te ver novamente

Penso em não amar apenas pessoas higienizadas, espelho e dinheiro.

A vida segue estranha nos tempos atuais

Voemos.

TÁ TUDO NORMAL

O velho novo normal
Jovens em aglomeração
sem proteção facial
Professores defendendo empresários
com medo de perder
a estabilidade facial
Fundamentalistas controlando
os corpos de crianças
-que perderam a infância-
fazendo oração na porta
do hospital
Tá tudo, tudo normal
A Europa vivendo uma nova onda
precisando voltar ao lockdown
Por aqui os artistas continuam
defendendo o afeto
enquanto a igreja
clama pelos fetos
mais do que por quem vive
sem justiça social
A economia é o maior tema
e ninguém dá assunto
pro que passa no jornal

Tá todo mundo frequentando
academia e baile
até quem nunca quis o
"corpo escultural"
Já tem baile e tem pagode
bar e restaurante
shopping, "cabeleleila"
unha e coisa e tal

.

Tá tudo normal

.

Só falta a empatia

.

Tô há seis meses
sem visitar minha tia
pois sei que somos vetores do contágio
Temores do presságio
Idosos sem o devido valor
100 mil vidas ou mais
Naturalizamos o horror
Só de falar me sinto mal
Só eu que não acho que tá tudo normal?

.

Indígenas morrendo mais que no tempo de Cabral
Funcionário público recebendo o auxílio emergencial
Hospitais de campanha fechados
sem investimento estrutural
Casos de desvio de verba
Nenhuma investigação real
Sobretaxam nossos livros

E a pirataria segue sendo crime federal

.

Vocês doentes e eu cansado
gritando, sonhando com um mundo
menos desigual

.

Enquanto não mudarmos o mundo,
desculpe,
recuso esse "novo normal"

Lembrar de substituir "mão suja de terra por mão VIVA de terra"

Eles querem que você pense que sujar as mãos de terra não é higiênico. Fazem você pensar que embalagens plásticas são mais higiênicas do que a própria casca dos alimentos.
Álcool gel, cloro, sabão em pó, sabão líquido, cloroativado, cloroquinado, bicarbonato de sódio, cloreto de sódio, potássio de sódio, sódio líquido, com coca zero, zero gordura, dieteticamente pensados para a sua papinha já que você já não digere os acontecimentos, não entende os questionamentos, não separa o lixo seco do orgânico, a notícia da publicidade, o afeto da violência, a fake news da sabedoria popular.
Eu sei, mal te dão a oportunidade de respirar.
Nos tomam as oportunidades de pensar.
Haja fé pra em mim mesmo eu aprender a acreditar.
Mas hoje, enquanto eu transformava o lixo em solo e transplantava uma semente em árvore, eu entendi.
Minhas mãos estão vivas de terra, minhas sementes estão lançadas ao chão.
Minhas palavras começam a ser ouvidas. E ecoam em cada um dos ouvintes coração.
As mãos deles estão sujas de sangue.
Assim como as vestimentas dos povos em dominação que seguem usando nas capas de jornal, nos créditos dos projetos que assinam por dinheiro, usando os nomes de quem não tem nem teto, nem afeto e ainda sofrem com a exploração.

A higiene é importante, e vai nos prevenir de doenças, mas aprender a fazer faxina não te tira do lugar de privilégio, aprender a falar bonito não te faz melhor do que quem não foi pro colégio. E compartilhar a foto de uma chacina não te põe no mesmo lugar de quem vive o silenciamento e a opressão.
Todos os dias mais corpos trans e pretos estão sendo despejados.
Quais são as corpas que são descartáveis? Quais são as pessoas por quem você vai se importar?
Como cuidar de quem precisa ir pro trabalho, e de quem não tem estrutura pra ter um lar?
Na minha casa, não recebo entregas, preciso ir à caça pra me alimentar.
Vendendo poemas fortaleço minha trajetória, a gente não quer só falar de dor, eu também queria ser só um escritor.
Persigo o sonho, mesmo quando a vida me desmorona com luto e opressão. Apenas sigo, com mais um poema, quem sabe essa palavra te traga alguma revolta, ou revolução...

PALAVRAVOANDO

Eu não sou ninguém
Dizem
Invalidando possibilidades de alcance
Dificultando as oportunidades de troca

Eu sou poeta
Digo
Como quem corre mais uma maratona
E sabe que no final da estrada
Vai ter sempre alguém com poder
A lhe por o pé na frente
A lhe dizer

Você não é ninguém
Dizem
Como quem espalha um boato
Acusando-nos de ser o boato
Mas notícia ruim chega rápido
Sempre me disseram

Eu sou poeta
Afirmo
Tenho compromisso com a palavra
E chegarei no meu tempo

Onde for necessário
Pra afirmar que toda palavra é verdade
Desde que revestida de justiça
E toda injustiça falhará
Contra aqueles que
Sabem
Que não se toma
de volta o pão
de quem tem fome
Não se volta atrás
da palavra empenhada
Não se mente descaradamente
sobre abusos de alguém
que do alto do seu privilégio
ainda nega e zomba
de quem não tem quase nada
quase nada
exceto a palavra
Não em nome de Deus
Não em nome da catequização
Não em nome da apropriação
Não em nome da tutela do outro
Não em nome de herança
Não em nome de injustiça

A palavra voando
Livre
Poesia
sem underline
Sem .org

Sem dot com

A palavra de um poeta
Quanto vale
a palavra de um poeta?
A palavra de 4 poetas
Quanto vale a sua verdade?
É vendida a sua verdade?
É rentável a sua verdade?
Quanto vale a fome de quem quer justiça?
Quanto vale a justiça?
Quanto vale a verdade?
Quanto vale a injustiça com o poeta?
Quanto vale o desserviço pela poesia?

Aqui me restam algumas certezas
Valem os bons encontros
Vale o afeto
Vale a vida
E a minha vida é a palavra
E eu valho
Inestimável
Não mexe
Com a palavra
Não mexe
Com a poesia
"Não mexe comigo"
Mexe não

CORTAR

Sentir o cheiro delicado das pétalas
O lagrimejar ácido das mágoas
A coloração roxa que agrada e alegra
Cortar fibra por fibra
Como quem sabe o tempero da vida
Como quem sabe o aroma da vitória
Como quem engole cada derrota e
Corta um pedaço do medo pra novamente
Tentar, pra novamente plantar em coragem
Pra novamente renascer broto de sabedoria
Pra novamente gerar lágrimas de quem colhe
Pra novamente sentir o sabor
das cebolas.

NADA A PERDER

O que mais você consegue arrancar de quem já não tem nada a perder? Se eu já não tinha nada a perder, agora eu descobri que nunca foi sobre ganhar.
A manutenção do resultado depende das manipulações das peças no tabuleiro.
E muito embora eu seja filho do rei da justiça, não tenho intenção de ter pacto com bispo, nem derrubar seus cavalos, nem derrotar sua rainha. Eu mal sei mover as peças na direção certa. Nunca fui dado à manipulação. E nessa batalha da luta por espaço o que mais aprendi foi a ter orgulho de ser peão.
Eu só não sabia que isso fazia parte do seu plano de manutenção.
Seja humilde, não seja arrogante, respeite quem manda, não dê opinião. Seja livre, se posicione, respeite seus sentimentos, exponha a contradição.
Se eu tivesse mais algo a dar, já não daria. Eu quero a reparação.
Por cada dano que nos foi imposto. Por cada amigo sem solução.
Pelos meninos aqui do lado que não dão bom dia e desconfiam da sombra, vivendo na contramão, sem passar dos 15, sem sonho, futuro, sem plano ou família, sem livro na mão.
Pelas meninas que já nascem mães, objetificadas, shortinho no chão. Sem amor nem sorriso, comercializadas por tua ganância de ter onde meter. Depois são julgadas e abandonadas com as corpas controladas por teu ódio em forma de fé.
Quem é que ainda consegue ficar de pé sabendo quem morre e quem mata. Expondo as próprias derrotas. Sem cura, afeto ou cuidado. Sem

chance de transformação.

Eu fiz o que era possível. Tornei cada fato uma palavra. Pra ver se acertava a sua cara. E te fazia sair da frente da tela, do celular ou da televisão.

Mas aí o cis-tema é sorrateiro. Pegou minha dor e transformou em batalha. Eu, ainda esperançoso, pensava te causar impacto, pensava que era uma revolução.

Ingênuo. Querendo viver do próprio trabalho. Pensava que a palavra te traria coragem e juntos num levante daríamos as mãos.

Mas nossas dores não cabem na tua ética.

Nossas corpas não cabem na tua estética.

Nosso protagonismo é utilizado como representação.

E quando menos imaginamos já estamos vendendo o lugar de fala.

Expondo as dores em troca de nota.

Rasgando a carne pro teu entretenimento.

Virando programa de televisão.

O cis-tema absorve teu sonho, teus planos.

Não existe remendo, atalho ou subversão.

É preciso aprender a guardar segredo, a causar medo, a propor reflexão.

É por isso que agora vocês não vão me ver derramar nenhuma gota de sangue, derrubar nenhuma lágrima, nem expor minha dor, vivência ou condição.

Eu nunca quis cooperar com essa manutenção.

Eles pegam nosso sonho e criam seus roteiros, assinam os documentos e negociam como patrão.

A gente se faz de bobo, fraco, ingênuo. Pensa que vai fazer história, quando vê já tá vendido, trocando arte por visibilidade. Expondo a dor por necessidade. Transformando sonho em entretenimento.

Aí respira.

Observa.

Olha ao redor e propõe mudança.
Respeita o seu pressentimento.
Pega a contradição e traz pro pensamento.
Vê que sem nós não tem transformação.
Para de ensinar tua vivência.
Cria sua metodologia.
Observa a tecnologia, de tudo que vem de você.
E deixa de ser ingênuo. Não existe troca só pra um lado. Hackeia o que tá ao teu alcance.
E faz do teu jeito o seu proceder.
Convoca tua gente, teu povo, teu pântano. Descobre quem sabe, cada um de um canto. Divide igualmente, a todos o poder.
E faz um levante, sem patrão, sem dono.
Faz de cada um seu próprio poeta.
Para de sofrer com o que te afeta.
Poder não é sobre ter.
Só existe um poder possível
É quando cada corpa se torna autônoma
É quando cada arte se torna livre
É quando cada ume se faz respeitade
É quando se encerra a contradição
e caem os mandantes
O único poder possível é todos juntos,
cada um na sua própria direção.

eu sei como sair disso vivo

um velho se maquia

MAQUIA VÉLICO

NUNCA FUI
DE TER

… ritórios
.
Sempre menos pé no chão do que corpo fluido
.
Sempre mais da levitação, empuxo, princípio de Arquimedes do que inércia, aceleração, gravidade e Newton
.
Uma vez ouvi dizer que a gravidade não se aplica na água,
.
ilusão.
.
A gravidade atua em todos os eixos, planos, sentidos e dimensões da terra,
.
o planeta, não o solo.
.
Gostaria.
.
Deixaria a leveza de meu corpo gordo levitar sobre mares, montes, ventos, borboletando como um besouro, um urubu, uma barata voadora.
.
Uma barata que voa é, afinal, o animal mais poderoso na terra e talvez seja o meu animal xamânico de poder, visto que retira de mim os urros

mais agudos quando voa em meu sentido.

.

As pessoas confundem sentido com direção.

.

Eu, poeta dos vetores, afirmo que gostaria de não entender das quânticas, semânticas ou perigos que ameaçam o sentido de extinção

.

Sou peça fundamental na minha ótica de compreensão do (meu) mundo

.

Mas aprendi a ouvir, a respeitar, a conviver.

.

Hoje sua irmã cantava "eu sou um poeta e não aprendi a amar" e essa frase não fez mais sentido, me pus em sua direção e sentido e senti que espero que a duração dessa sensação seja maior do que "eterno enquanto dure".

.

Infinitésimos de milênios de fluxo contínuo de espaço tempo nos rondem em espiral até que as horas vindas sejam anos-luz sensação de plenitude, completude, riqueza e felicidade de ser eu mesmo junto de ti.

I MAY DESTROY YOU

Já faz três noites que eu troquei o sono por medo e só adormeço quando amanhece. São muitas as dores das violências pregressas, tem um rato na cozinha da minha casa e ninguém tem coragem de tirá-lo de lá. Eu escondo as memórias tristes de mim mesmo e finjo estar sempre atento e sorrindo nas dificuldades, como aprendi na juventude. As sombras se movem com o reflexo da luz do celular enquanto digito e isso me faz lembrar o por que prefiro cadernos. A caneta corre no papel com o tempo de meu raciocínio, no celular não. Meus dedos desajeitados clicam em teclas que não quero e preciso voltar para apagar palavras que nem mesmo pensei. Isso me causa um lapso no pensamento, mas expulsa o medo. É preciso estar atento para sentir medo. O medo te coloca em estado de alerta para reagir ao perigo. Se estiver desatento não sinto medo. Na maior parte do tempo sou desatento. O medo só vem quando a vista cansa e começo a ver sombras e vultos que se movem e julgo serem mensagens de outras dimensões. Não dá pra dimensionar o tamanho da insônia que uma memória guardada debaixo da cama pode causar. Fico em dúvida se o rato da cozinha realmente existe ou foi uma memória de desespero que fugiu de minha zona de conforto. Ontem vi um cara andando com um cabeção de Mickey pela cidade para faturar uns trocados com umas fotos. O calor que faz neste Rio de Janeiro não justifica usar um fraque vermelho de cetim. A roupa cola no corpo. Ao menos a cabeça parece larga e confortável. Às vezes. Eu gostaria de ter uma cabeça de anime para não ter de decidir se sou um homem ou um rato. Algumas pessoas têm dito que sou um gato, mas só de pensar nisso ataca minha rinite alérgica. Animais dão muito trabalho e eu acabei de fazer um pix pra um amigo comprar ração pros seus bichos. Eu tô duro e sem perspectiva de trampo, mas sei como é chegar em casa e ter de fazer angu pro bichinho que tá sem ter o que comer. O cabelo dela bate nas minhas costas e levo sustos pensando que os ratos estão subindo na cama. Eu deveria saber tocar flauta. Eu cheguei a fazer aula de flauta, mas ainda não sei encantar ratos nem serpentes. Também fiz aula de pandeiro, mas não consigo sustentar um pagode. A gente fala do que pode, digita mais devagar do que pensa e, perdoe a ofensa, eu detesto ter que escrever digitando. Eu sonho em cantar trabalhando e ser bem remunerado pra não ter que ser eu mesmo, mas alguém com alguma fala bem escrita que decorarei sem pausa nem piedade. Eu queria ser roteirista da verdade, ou pelo menos de alguma perspectiva que te pareça real e faça chorar antes do final, um filme, um livro, uma história, empatia e dor, alegria, mãos trêmulas, eu comprei um Kindle e sigo sem ler. Tenho 7 cadernos vazios e sem pauta esperando histórias fantásticas de universos sensacionais que curam e transformam memórias apagadas em acolhimento audiovisual. Um poema, talvez se eu conseguisse escrever um poema, eu voltasse a dormir mais cedo, ou menos mal.

MATRIX 4 - OU O FILME QUE VOCÊ NÃO VIU

Sigo escrevendo e digitando por conta da necessidade de velocidade de resposta e engajamento. A gente escreve pra ser lido e, como hoje ninguém lê, a gente posta pra ser lido e receber um like da sua atenção. O rato segue no caminho entre a cozinha e o banheiro e isso faz eu sentir dor e incapacidade porque evidencia a falência de um sistema. Eu não pretendo matar um rato, então espalho veneno e espero que ele coma e se mate, necropolítica, é assim que funciona aqui fora, onde o mundo também não é real. Assisto a Matrix 4 e bugo de perceber que Neo se chama Thomas Anderson e em algum momento algum personagem chama Neo de Tom. Tremo na cadeira ao perceber que fico também confuso entre ficção e realidade, pois sigo sentindo o que é necessário para estar vivo, contemplação, amor e poesia. Mas sigo também adormecido pelas impossibilidades de voar e escapar de balas e utilizar 70% da capacidade de meu cérebro. Não consigo entender por que abandonamos cachorros e matamos os ratos, e eu mesmo tô sem alimentar Dakota porque gostaria que alguém além de mim se comprometesse com essa função. O bicho já não passeia há 5 dias e eu mesmo já não tenho muitas forças de levantar da cama. Realidade demais está me mantendo sóbrio demais e eu nem acho que isso tudo seja real. Porque real mesmo será quando planejarmos outros futuros e nos importarmos uns com os outros. A criança quer morar no interior porque deseja receber afeto e a gente fica lutando por uma oportunidade, algum dinheiro, alguma ostentação, ou consumismo, aqui nessa cidade. Eu sigo com a sensação de que isso não é um poema, mas ainda são as melhores coisas que escrevi nos últimos tempos, é a minha verdade, nessa cidade eu ando entre os ratos, sou alimentado por eles, são minha família, nessa sociedade os ratos são eu.

COVID NÃO
TIRA TESÃO

Te fodo com um pau imaginário
que é a extensão do meu grelo,
ou talvez meu seio.

Me confunde um pouco esse desejo de não ter um falo e querer
meter-lhe.

Me confunde ainda mais quando enfio-lhe os dedos e não,
hoje você não está disposta a esse tipo de invasão.

Recuo,
me desculpo.
A penetração só faz sentido se for consensual.

Então me guardo.
Respiro
e aguardo que metas em mim.
Quando quiseres.

Que nenhum corpo de mulher seja mais invadido.
Eu já não sou mulher faz tempo.
Então aperto meu grelo
como quem aperta a cabeça do pau

e aguarda um dia que ela lhe seja
confortável,
anatômica
e lhe caiba num orifício inteiro,
sem dor ou medo.
Só com amor.
Ou com os dedos,
que lhe roce os cheiros
e me perfume as falanges
para que eu fique como agora,
digitando palavras perfumadas de ti.

Peço um beijinho
como quem pede desculpas
e aguardo que o desejo te preencha mais do que eu
e você volte a querer comer-me,
talvez depois do almoço,
talvez amanhã de manhã.
Te leio este poema
e insisto pelo cansaço,
vc ri,
muda de assunto
e fala em arrumar o quarto,
a pia da cozinha entupiu,
covid não tira tesão,
ao menos o meu,

o ano começou e você me acha um chato.
Velho, chato e rabugento.
Eu sou feliz quando você põe música alta

O FIM DESSA PANDEMIA

Eu quase nunca era feliz
Já ela, fecha os olhos quando sorri
depois me cerca e pergunta
"eu não te faço feliz?"

esse zumbido persistente
falando dos problemas
me nubla o que é felicidade

mas eu posso dizer
Eu sou feliz quando você
me conta sobre comorbidades

e sobre a nossa data de vacina

Eu sou feliz quando você me propõe novas receitas
e esquece o ingrediente principal
e a gente improvisa

Eu sou feliz quando a gente não tem dinheiro
- e a gente nunca tem -
e você inventa um novo projeto

e dança sorrindo,
entre os pisca-piscas

Eu sou feliz de deitar ao seu lado
e de não levantar brigado,
sem um abraço
Eu sou feliz mesmo com tanto cansaço
Porque, se em dias tão difíceis
eu ainda sinto saudade,
eu sei que a felicidade,
quando chegar,
ela terá seu cheiro, sua companhia
Nossas verdades, muita cantoria
nossa família,
minha alegria
Aglomeração, Amor
e o fim dessa Pandemia

O CLAMOR POPULAR SÓ EXISTE COM A ORGANIZAÇÃO POPULAR

Há que se ter pernaltas, maestros, regentes pra manter o andamento do bloco.
Na porta de onde se legislam, pessoas dançam livres sobre sua escolha de se ter ou não um carnaval. Há que se ter meia arrastão e bunda de fora pra conseguir limpar a reputação de feministas brancas e esquerdomachos egoicos que pensam que estão salvando o mundo.

Indo bem fundo, há que se ter reconvexo e reconhecimento sobre o próprio talento, quer você queira ou não dinheiro, eu só quero amar, só quero amar, só quero amar e tocar surdo e sambar miudinho e balançar meu leque com o poder de quem sabe que o mundo está em transformação.

A vida é simples, vamos ocupar as ruas e as vitórias de lutas que nos negaram disputar. Nem todo o glitter do mundo vai me fazer brilhar tanto quanto a autoestima preservada pode conseguir.

Não se atenha nem se prevaleça de qualquer memória que é melhor que eu esqueça, mas seus papos avançados me fazem acreditar que o futuro é ontem no espelho de Oxum.

Vem olha comigo o reflexo de suas reflexões e vê que somos bem mais que narciso, porque nossa beleza vem de dentro do centro do mundo, do mais profundo, minha pequena Eva, numa astronave, voando bem alto.

Vikings, faraós e elfos, todos brancos, não representam o tanto de comunidade que um carnaval traz, desde que as relações foram abertas ninguém mais trai e o seu complexo de corno ficou sem sentido num piseiro irritante qualquer.

Vcs se abraçam, mas não se beijam enquanto escrevo quieto no meio do bloco que hoje é feliz e canta só porque eu amo você.

Tenho vontade de te chamar pra escrever comigo em dobra este poema manifesto pra dizer que eu não presto.

A gente foi profundamente numa conversa louca, a gente não só beija, a gente cheira o perfume do futuro no cangote de pessoas que carregam tecnologias ancestrais e misturar futuro e sentido é nosso presente.

Vocês sorriem e se beijam enquanto um menino árvore bate palmas sem seu carinho amor, sem você. Já não importa quem errou, o que passou, passou, tumguidumguidum...

Lalaialaialaia ê ô descubro que vc já me segue e percebo os sinais que nos rondam. Você conhece pessoas que sei quem são e assim me sinto seguro e danço ao seu lado. Olho pro lado e vc me chama ao mundo real, tenho medo de voltar à superfície pra não me tornar superficial.

Te conto uma parte do poema, mas acho que faltou um final, volto e escrevo por mais alguns segundos até que as conexões me mostrem onde devo encerrar processos. A vida é mesmo um progresso, e por mais que eu avance, a minha bunda cresça e eu me lance ao futuro, tem sempre um vão profundo entre o trem e a plataforma. Você não se conforma que eu escreva no meio do seu carnaval, me desculpe, nem me leve a mal, eu só reflito diante de minhas sombras que se apresentam entre as trevas do meu inconsciente que flui enquanto bebo, sorvo, queimo meus fantasmas que eram só um lençol branco com furos nos olhos, como mais uma fantasia simples de quem sabe pra onde quer olhar. Eu bato um bolão e me chamam de Clóvis, ou Tom. Grito e canto, de escanteio, não é tão simples administrar a coragem que me aborda o peito e me ancora à margem de um turbilhão.

Já não sei mais parar, "sou rolimã numa ladeira", amanhã é quinta feira e vou chamar esse poema de TBT só pra fingir que eu não vivi isso tudo ontem mesmo com vc.

MOCAMBA
LIVRE

Fui na Macumba
E falei com a Mulamba
Que agora a Mocamba
Iria vingar

Me disse a Mulamba
Me ponha na Encruza
Um toco, três pito
Marafo em mandinga
Confia na pinga
Que aí vai vingar

Mulamba não mente
Me ganha um medinho
Me penso maromba
Mas sei respeitar

Me tromba a mandinga
Me zomba medonha
Me tira a mordaça
Me força a falar

Me diga o que pensa

Não vendo miçanga
Não danço mais zumba
Ainda sei rebolar

Me gira na pista
Me lamba, menine
Me encanta e me conta
Onde vamos chegar

Memória é matéria
De quem faz história
Enfrenta o presente
Me faça cantar

Te escrevo meus tombos
Te conto meus sonhos
Mocamba é Mistério
Quilombo a cuidar

Não morda a vergonha
Me ajuda, me aprova
Me soma, me mova
Me dá um real

Mocamba mais livre
Mais arte e cultura
Mais trampo na rua
Me dá um real

RECADO

Mizifio pregunta pra mó di todo mundo intendê que cási ninguém mais qué cumê um dendê i tá todo mundo percisandu di um acolhimento, um afeto. Intão vê se tá todo mundo comendo, vê se tá todo mundo bebendo, que a pior côusa qui podi tê é gente cum fome. I ôtra côusa qui é rúim é num aceitá o diferente, intão vamu cantá, vamo dançá, toca o tambor. Enquanto tiver gente com fome, vai tê comida, vai tê palavra. Dá de comê.

PASSAOPIXPROPOETA@GMAIL.COM

É hoje
O terceiro dia
E ninguém se levantou
Estamos há quarenta ou quatro milhões de anos marchando no deserto,
Atravessando um mar vermelho
de sangue
E não tem cordeiro, messias, mito ou salvador que mudem essa realidade
Hoje ninguém ressuscitou
Porque estamos mortos, paralisados, zumbis à espera de alguém que insurja
Alguém que ganhe milhares de seguidores com seu empreendorismo e fique rico e salve outros pobres como ele foi
Algum funk ou trap ostentação que saqueie os bolsos da classe média que passe a pagar caro por nossos shows
Estourar a bolha da invisibilidade
Tornar-se cânone, ídolo, famoso, reconhecido até pela Fátima Bernardes.
Jesus estivesse vivo hoje seria um case de superação no programa do Caldeirão.
Hoje vamos contar a história do marceneiro favelado que é o orgulho de sua comunidade com uma fábrica de mesas de jantar para 13 lugares. Dias depois foi morto como traficante.

Não, não ressuscitou.
Jesus Vive, Marielle Presente.
Todos eles assassinados por um estado genocida. Líderes de um povo que espera a justiça divina comprando um pedacinho do céu num novo sabor de chocolate dietético e sem lactose que vem com um fone de ouvido dentro de onde seremos teleguiados.
Já deu seu dízimo hoje?
Não, hoje ninguém levantou, nem uma hashtag, nem uma marcha, nem um levante popular, nem um doente curado, nem uma população vacinada.
Não tem céu, nem cura.
Concentre seu ódio e fique em casa.

Tá no espírito dizimista?
Contribua com o artista.

ESCREVO

Tenho poemas bonitos
feitos com amor e cuidado
feito filho amado
que mesmo não planejado
se der comida, estudo,
cresce sem muito esforço
quebra uma perna,
faz malcriação
mas nada que dê desgosto
estes ninguém gosta de ler, não

Tenho poema ajeitado
feito versinho de amor
Rima, métrica, soneto
Decassílabo, haikai,
Aforisma, trova,
quadrinha, sextilha
um primor
nem que leia com a voz da tia da escola
nem se fizer cara de professor
ninguém gosta de ouvir, não
ler então, não senhor

Ceis gosta de poema torto

Fístula, pus, furúnculos, rancor
Um olho que olha pro amado
Uma boca que envenena o amor
Sem soco no estômago, ou estrago
Não tem like, curtida ou viral
Poema proceis é dor
É corte na artéria femural
É o poeta com gosto de sangue
falando e mordendo a gengiva
É parto desumanizado
Ferida sem estanque
Nada que cicatriza
ou ameniza

Coragem eu tenho
à beça
Eu rasgo sem pressa
Exponho a dor
E mesmo assim
Não interessa
Um like ou outro
um desafeto, um fake
alguém que bloqueou
Mas se não mastigar
E vomitar na boca
ninguém me lê
não senhor

E não é por analfabetismo
falta de acesso

ou oportunidade
não tô julgando a
oralidade
e nem o aedo
ou o versador
eu tô falando
de tempo
de interesse
e automatismo
se depender de
algoritmo
a vida anda vazia
ninguém chega na poesia
ninguém ouve
ninguém lê
ninguém pensa
ou tem opinião

E ler?
Já faz tempo que
Ninguém lê
mais não

NO MEIO DE
TANTA DECEPÇÃO

Num mundo que considera nossos corpos como abjetos
No meio de tanta impossibilidade de afeto
Eu encontrei você
E foi por a gente se apoiar que eu pude ser eu mesmo

Não esta leitura social homem que o cistema me impõe
Eu mesmo, um poeta, sensível
Uma pessoa admirável que tem três filhos, um deles com vc
E que sonhava viver muito tempo ainda contigo a ponto de ter mais uns três

O mundo é violento, meu amor.
Ninguém sabe muito bem como sobreviver a este período difícil.
Estamos adoecidos
Artistas que não conseguem viver com dignidade do nosso próprio ofício
A gente adoeceu com a vida.
A gente tentou ficar medicado,
a gente tentou se acolher,
se apoiar
e eu ainda sinto muita falta de estar ao seu lado

Porque com você eu encontrei motivos pra sobreviver.

E tudo tem andado tão sem tempero,
e eu tenho andado tão anestesiado.

Tem dia que dói mais,
tem dia que dói muito
mas não tem um dia que eu não pense em nós.

Seu amor era a cura pra esses atravessamentos,
era certeza de poesia e carinho em meio a tanta dor.

Era certeza de respeito e conversa,
era calma no meio da pressa,
era cuidado, ação

Seu amor era a única certeza no meio de tanta decepção

E agora sem seu amor, eu tô sem teto, sem nexo, sem forças, sem direção.

PRA SEMPRE

Eu nunca vou te esquecer
Falo isso como declaração e não como ameaça
A gente faz poema na praça e tenta ser amigo, a gente até acha graça e eu sigo deprimido
Mas eu sei que a dor do desapego, ela vai passar
Amor é vida, é cuidado
Não importa a forma que você queira estar ao meu lado
A dor ficou no passado
E eu respiro mais leve sempre que te vejo sorrir
Eu não vou tentar mais nada
Não hoje
Eu sigo esperando um carinho, um encontro, um date
Mas consentimento é palavra que vem em primeiro lugar
Eu te amo,
Não sei ser diferente,
E sempre vou amar
E eu espero o dia em que depois de curados
A gente possa novamente se encontrar
Enquanto isso, espero e cuido
Pois eu sei que posso esperar
Pra sempre é todo dia
E chega já

25 DIAS

O tempo escorre pela ampulheta,
lá se foi mais um dia

O aplicativo afirma
25 dias sozinho.

Na verdade,
aqui no peito
se marcam
25 dias
sem você.

Sem acordar do seu lado,
sem seu cheiro no travesseiro,
sem, com efeito,
respirar.

É um suspiro preso
que bebo, mas não engulo,
beijo, mas não dissolve,
choro e não sedimenta.

Saudade é dor de ausência de futuro.

E isso
realmente
não tenho como prever.

Talvez tenha se extinguido
uma atenção,
um meio,
um meteoro,
uma população.

O amor
está em extinção.

O AMOR DA SUA VIDA

Hoje eu acordei querendo teu carinho, sentindo falta do teu amor.
Eu te vejo e te falo todos os dias e confio no tempo, no sonho, na revelação
de que você um dia perceba
que nosso encontro nunca foi em vão

Eu tô bem, eu não te culpo, só tenho saudade e desejo.
Eu choro todas as noites de saudade, e toda manhã também.
No fundo, eu só queria um beijo.

Teu cheiro, teu toque. A nossa construção.
Teu beijo, uma cama, teu corpo
nu encostado no meu
Teu beijo, o cabelo na minha cara,
Teu riso, tua irritação

A vida é tão complicada,
Eu sou tão cansado,
Triste e consciente,
O que me faz sempre tão chato
E muitas vezes carente

Por você eu mataria um rato

Mentira
Sou um covarde, indecente
Mas por você eu já fiz tanto...
Fato.
E essa solidão me deixa doente.

Eu me interesso por quase ninguém
E sempre que posso, pego todo mundo
Da tua saudade ainda sou refém
Ninguém nunca me entendeu tão profundo

Eu não sei como a gente se perdeu
E eu não paro de me procurar
Tem dia que eu acho que já me encontrei
Mas tem muita falta de ti no meu lar

Então bebo
Que Bar é lugar de indigente
E sem sua família
Nem crente, nem ateu
Sem você, eu busco
E não encontro
o pedaço que falta
E de mim se perdeu

Respiro e tento outro texto
Porque dependência
não vou romantizar

A gente se encontra nas festas

Te abraço, te cheiro, te quero amar

Eu sei que neste momento
Já faz tanto tempo
Será que esqueceu?

Mas vejo o jeito que me olha
Me conta segredos
Coisas que viveu

A gente junto é tão lindo
Eu quero bem mais do que você quer me dar

Eu quero te amar infinito
Na cama, na praia, na beira do mar

Queria só mais um beijinho
Uma noite comigo
Lembrar o que esqueceu
Que a gente juntinho é gostoso
E que esse corpo
Ainda é seu

Não chamo, já nem te convido
Espero teu tempo
Ainda posso esperar

Respiro, espero um beijinho
Como cortesia, um primor, um prestígio
Mas não quero só um aperitivo

Eu quero open bar
Eu quero rodízio

Eu quero você na minha cama
A noite inteira
Gemendo pra mim
Eu quero teu colo e teu beijo
A lua, teu cheiro,
E mais um pouquin

A gente é tão forte, é tão certo
E não sei como foi que a gente se perdeu
Já faz tanto tempo e eu respeito
As escolhas que fez
Os rumos que escolheu

Mas volto aqui sempre a lembrar
Que tôu a te esperar
E sei que não esqueceu

Que amor, construção, parceria
Tenho sempre a te dar
Se quiser receber
E posso também te cuidar
Quando precisar se fortalecer

A vida é longa, comprida
E um grande trajeto
A gente já percorreu

MAR AMOR

Desaguava em ti como num oceano.
Apreciava teu sal
e misturava meu fluxo em tuas ondas.
Desembocava em ti
com a esperança de quem vai sair das margens
e encontrar profundezas.

Meu mar.

Valorizava mais teus feitos,
a grandeza de teus tsunamis,
a braveza de tuas ressacas
do que a resistência de meu trajeto.
O curso de meu percurso.

Nunca foi fácil evaporar,
precipitar,
atravessar o solo
e verter de pedras
pra seguir meus caminhos até você.

O desgaste do tempo,
a erosão dos ventos que vinham de ti,
as trombas d'água que chorei

mudaram meu curso.

Hoje sou catarata,
corredeira
e estou feliz de me desdobrar em outros afluentes.

Seguindo o curso,
respeitando os fluxos,
os encontros das águas,
dos kuniwasas às pororocas,
já nem espero em ti,
mar-amor,
me despejar.

VOCÊ JÁ PENSOU EM MORRER?

Você já pensou em morrer?
Você?
Já pensou em morrer?
Não diria exatamente em se matar. Embora eu repetidamente pense formas não dolorosas de planejar a minha morte. Formas não dolorosas de cair de um edifício. Será que dói sentir o crânio espatifar? Será que se a cabeça bater primeiro a consciência se esvai antes? Será que o coração, burro que é, segue batendo mesmo após a morte cerebral? Tive um parente que teve morte cerebral e o coração continuou batendo. O coração leva cerca de 2 horas pra parar de bater depois que o cérebro morre. É involuntário. Disse que foi com um parente, mas foi com a minha mãe. Achei muito duro você saber que minha mãe passou por isso. Mas achei importante não esconder essa informação. Uma colega do teatro disse que eu não deveria postar essas coisas no meu Instagram. Instagram é para as pessoas serem felizes. A tristeza poderia diminuir meu engajamento. Ou até mesmo atrair olhares de energia ruim. É verdade. Eu já torci o joelho depois de postar um vídeo dançando. Negócio de inveja, dizem. Eu rio. Sigo dançando. Morto por dentro. Rio por fora. Às vezes penso em morrer, às vezes tenho certeza que tô morto. Que a pandemia nos matou a todos. Tenho uma breve esperança que a gente volte a sorrir em outubro, que eu entre em cartaz em dezembro e que o ano novo me traga desejos para eu pular ondas e voltar a sonhar futuros. Hoje eu penso que todas as mortes que planejei eu vivi. Eu

nunca cortei os pulsos, já pensei no máximo me jogar de um prédio de 15 ou 40 andares. Mas meus desejos de morrer são mais da adicção. Bebidas, drogas, furtos, sexo, compulsão. Eu tô cansado. Fragmentado. Minha cabeça tá uma confusão. Eu já não escrevo como gostaria. Não sei planejar a carreira profissional de ator que eu queria. E duas sessões de terapia por semana já não tão dando vazão.
Eu queria aprender a destruir coisas. Explodir estátuas, tacar fogo em instituições. Sentir a vida pulsar. Mas como disse Cazuza, "eu não posso fazer mal algum a não ser a mim mesmo, a não ser a mim". Em termos de querer morrer, falar é sempre melhor do que fazer.

O QUE VOCÊ QUER SER QUANDO CRESCER?

Piloto, Astronauta, Bombeiro, Aeromoça
Torneiro mecânico, presidente, gari, cowboy,
Bailarina, Jogador de futebol, Professor
O que você quer ser quando crescer?
Como assim?
E se eu não quiser ser nada disso?
Eu quero saber dobrar a língua no meio assim, ó.
Estalar a língua sem babar
Assobiar sem botar a mão e com uma mão fortão
Estalar a bochecha com um dedo só
Empinar pipa
Pular de uma perna só
Descobrir novos sons com a boca
Chupar o dedão do pé sem ninguém reclamar
Imitar um elefante só porque não pode dar uma banana
Mostrar o dedo do meio
Falar com meu corpo inteiro
Fazer vozinha, e barulho de cavalo
Sapatear como um pinguim ou como a menina do filme com sapatos vermelhos
Pendurar no poste enquanto chove
E botar um vestido pra soprar num vento que vem do chão
Pular elástico, pular corda, atravessar o arco-íris e mudar de gênero e

ganhar um pote de ouro, subir num pé de laranja lima
E ter o dedo Verde, fazer voltar o tempo e ganhar um jabuti, o bicho, não o prêmio,
O que você vai ser quando crescer?
Vou ser poeta que nem o meu pai.
Ou então vou ser criança.
Equilibrar no paralelepípedo da calçada, ver um hidrante soltar água, pendurar de cabeça pra baixo naquelas traves que ficam na saída dos estacionamentos, correr atrás de pombo até ele voar. Nunca mais pegar piolho. Brincar de gato mia e não ter medo do escuro, nem de olhos vendados. Perder o medo do Charlie Chaplin, ser a Change Marmeid. Mandar um beijo pra minha mãe, pro meu pai e pra Xuxa na tevê, subir na nave e sentar lá do lado da Cláudia.
Puxar de novo a peruca do Zacarias e beber um mé com o Mussum. Ser da turma da Mônica e amigo do Snoopy e da Mafalda. Brincar com Calvin e Haroldo, comer cachorro quente no jogo do Grêmio, assistir de novo a batalha dos aflitos e jogar bola sozinho com a parede na sala sem ninguém reclamar, matar de novo o Tancredo e não sentir nenhuma culpa, brincar na hora do jornal nacional, usar cueca e pijama ao invés de camisola, trocar a Barbie pelos soldadinhos de plástico com espaçonave de lego. Matar formiga com prego e chorar por ser a formiga de deus, ter medo de um prego gigante te acertar, ou um raio, cobrir os espelhos e as facas na hora da tempestade, viciar no cheiro de álcool da tarefa do mimeógrafo, ajudar a tia a rodar. Ser o responsável por entregar as cadernetas, ser candidato a representante e ser o menos votado porque é da turma da bagunça. Subir no telhado da biblioteca pra ler um livro joinha, buscar o caapora e encontrar Manuel Bandeira, pular fogueira, soltar balão, fugir de rojão. Comer pé de moleque, cocô de rato, mariola e Maria mole, pedir um gole do quentão, não querer fazer a primeira comunhão pq sou ateu aos 6 anos de idade, ganhar

uma roupa de anjinho, ser coroinha e tocar o sino, ler uma epístola em público, tocar pandeiro furado, cuspir fogo, rodar bambolê, cantar e tirar 100 no videoke, apitar um jogo de futebol, jogar Twister, cilada e scotland yard, tocar flauta doce sem engasgar, ver alguém pisando na lua, botar bandeirinha, adesivo da lua que brilha no escuro do teto, ter um ursinho do afeto, cantar, desenhar ou escrever.
Quando eu crescer, eu quero crer na pessoa que eu posso ser.

EU SOU

Eu sou o que algumas mulheres
querem chamar de mulher
e o que muitos homens
não querem chamar de homem.
Eu sou o que as travestis
querem chamar de homem
e o que minha família
não quer chamar pelo nome.

MOTIVO

roubado descaradamente da Cecília

Eu grito porque a realidade insiste
e o meu corpo é ferida aberta
Não sou mulher nem homem
sou poeta

Irmão das incertezas dos dias
Primo das filhas do vento
Já fui embarcação e mar
Hoje sou tempo

Pessoa, ação ou performance
se é truque, estrutura ou opressão
- importa apenas o que posiciono
Nenhum julgamento ou opinião

Sei que existo. E resistir é tudo
Uma existência ainda invalidada
Quando um dia me couber respeito
seja esta vida poética eternizada

DE CADA SEMENTE NASCE ESPERANÇA

Eu tava pronto
Pensávamos que era chegada a hora
Uma mudança nos paradigmas da sociedade
Agora a disputa é de igual pra igual
Nunca foi
Eu nunca escrevi nada a lápis
Com medo que alguém me apague
Quem nasceu para escrever a própria história só tem medo de uma coisa
Apagamento
Silenciamento. Invisibilização. Etnocídio. Genocídio. Necropolítica.
São tantas palavras pomposas, pra falar na língua deles, algo que os faça ter empatia e parar.
Nunca param.
Não param porque cada gota de sangue derramado aumenta o valor do ingresso.
Vejam todos, assistam ao vivo o poeta sangrar.
Tadinho. Perdeu alguém
Tadinho. Também, escolheu essa vida
Tadinho. Teve oportunidade
Venham todos, chacoalhem seus ouros e paguem pelo ingresso de ver mais um artista sangrar
Gatilhos serão disparados, falaremos de luta, dor e resiliência

ódio, amor e resistência
Paguem caro, pois vocês nunca entenderão
Pois quem lucra com a dor do poeta segue vendendo armas, comprando o estado, incentivando a guerra ao ópio, matando um arlequim em praça pública apenas por diversão.
Fizeram Farra com a nossa dor.
Fizeram jogo com a nossa luta.
E eu ainda tava lá na esquina, em cima do caixote, megafone na mão, quando recebi a notícia:
Marielle foi assassinada pela...
Escolha a sua rima
O vizinho do presidente tentou disfarçar
1096 guias de perguntas, muitas possibilidades de respostas.
Não seremos interrompidas, ela disse, inscrevendo sua vida na história.
E eu, enquanto eu viver, todos os anos, cobrarei justiça com um poema em sua memória.
A luta nunca foi de igual pra igual.
Mas agora a gente aprendeu a se fortalecer.
A não sangrar em público.
E a criar outras tecnologias.
Cuidar da base, alertar os jovens
Preparar com afeto e sabedoria
De cada semente nasce esperança
Floresce vida e transformação
E em sua memória, cresce o legado
Não é só dor
É futuro, comunidade e planejamento
é retomada, afeto e chamamento
Ubuntu, nós por nós, já sabemos o perigo de uma só história
Uma sobe e puxa a outra

é o compromisso de todes
em sua memória
(3 anos, 1096 dias, cobrando justiça por Marielle Franco)

VEM EMBORA
PRO RIO, AMIGA

Para Mari Félix

Especialista em castelos de areia, constrói sonhos e oferece ao mar com a tranquilidade de quem sabe o que fazer caso desmoronem. Respira, ri com o fescor das ondas e recomeça. É necessário um sorriso de criança no rosto e um pouco de ingenuidade pra não se aborrecer com a repetição do gesto. É na resiliência que entendemos o controle dos riscos, criamos novas estratégias, até formar uma parede sólida. É também na repetição de experiências que amadurecemos e paramos de confundir falésias com falácias. Você pode morar em outra cidade e amar nossos acidentes geográficos, nossos morros e nossas praias. Você só não deve mais se apaixonar por qualquer geógrafo, poeta ou músico. Músicos dão um trabalho danado e já faz tempo que ninguém conhece o mapa do nosso corpo como nós mesmxs. Mergulha, sente o brilho do pôr-do-sol tocar levemente tua pele e fazer teus olhos mudarem de cor. Grava mais um vídeo divertido e sente a alegria da infância se reaproximar de você. Dança, com o arco- íris. Onde ao final o pote de ouro é seu próprio autoamor.

TUTORIAL

Com consentimento, pressione um corpo sobre o outro e sinta a pele com gordura transbordar por rachas, fendas e curvas. O preenchimento natural. O encaixe biodinâmico. Sustente e mantenha o deslizar de mãos sobre a superfície de maior perímetro, normalmente as costas, nádegas e barriga. Dê beijinhos leves sobre a nuca e o pescoço, essa parte é a mais difícil pois requer habilidade em retirar do caminho os cabelos que normalmente são muitos e trançados. Seja gentil.
Persista nos beijinhos e sinta o movimento corporal prosseguir para movimentos conectados intercorpóreos. Não precisa muita estripulia, não é uma coreografia de reels. É uma dança de antigamente. Os dois pra lá, os dois pra cá, juntinhos. Cheire. Cheire pescoço, sovaco, e na região entre os seios. Beije entre as cafungadas, leves baforadas podem acontecer, não tenha medo de não ter escovado os dentes, o hálito natural talvez não seja refrescante, só há que ser úmido, mas nunca cuspa. Deixe a saliva e os outros fluidos serem produzidos naturalmente. Divirta-se com eles. Respeite sempre os limites e gatilhos do outro corpo e os seus. Faça tudo que lembrar que é bom, se possível, invente outros movimentos. Pode-se repetir nunca ou variar sempre. Não tem 5 passos nem tutorial que possa te ensinar a ser feliz.

DECLARO ABERTA A TEMPORADA DE APAIXONAMENTO

Eu já vivi duas vidas, ou mais. Tenho histórias pra contar, sei fazer macarrão com atum e omelete, sei jogar basquete e já fui árbitro de futebol. Canto, danço e sapateio, faço poema e conto piada. Faço trocadilho. Faço musculação. Pedalo, corro, danço e bebo até o chão. Tenho por companhia 03 filhos, uma tartaruga e um cão. Alguns amigos e alguma confusão. Um caos interno de poeta, uma risada alegre e um beijo de furacão. Não como salada, mas acredito que o futuro é vegano e com autonomia alimentar, onde a gente possa colher o que plantar e cada um tenha um pedacinho de terra pra fincar os pés. Andar descalço, pisar na grama, andar sem roupa, sambar na lama. Abraçar e acolher na multidão. Eu sou muito apaixonável, já falei que faço poema? Também acredito em plantar o que fumo e na legalização. Não sou dado a postagens, mas sei dancinhas do t1kt0k o suficiente pra desenrola, bate, quebra de ladinho, mas quebro mesmo é no tchan e na boquinha da garrafa. Já dei aula de lambaerobica, já fiz fogueira com palitinho, e de garrafa pet, uma embarcação. Eu iria ao BBB, mas prefiro o No Limite, Largados e pelados e ganharia o Show do milhão. Eu sempre acerto as palavras do Roda a roda Jequiti mesmo não gostando de televisão. Eu assisto Pantanal escondido e gosto de série de serial killer, de roda de samba, comida japonesa e tenho intolerância à lactose. Eu cuido bem das plantas e não tão bem das neuroses, mas faço terapia duas vezes por semana, gosto do mar mais do que da praia, eu espero que a gente saia e você me chame pra jantar. Eu sou taurino, gosto de banquete, não entendo de signo, prefiro tarô, bruxaria, Wicca, e ainda não tomei ayhuasca, mas quero ritualizar tudo que for possível, tudo que for simbólico, quero da vida um ritual. Quero aprender a ser feliz. Não quero só um afeto. Quero todos por perto e ser responsável pelo que cativo. Gosto de pessoas altivas, alegres, até mandonas, gente que sabe onde vai. Gosto de gente fanfarrona, mas que tenha seriedade, que leve a vida a sério, seja de verdade, mas que consiga rir dos próprios defeitos e celebrar os próprios feitos. Eu não pretendo preencher seus vazios, eu nem sempre dou conta dos meus, mas eu prometo falar quando estiver incomodado e ir embora quando não quiser mais estar ao seu lado. E deixar isso explicado. Eu não vou deixar de responder. Acho um absurdo quem não sabe dizer o que não quer. E prefiro que digam pra eu ir embora do que me manter aprisionado. Eu não pretendo amar de forma romântica ou monogâmica, eu prefiro viver uma paixão instantânea. Mas me comprometo a estar somente quando inteiro. Fazer carinho, cafuné e chamego. Mas aviso logo que detesto fazer massagem. A vida é uma passagem, eu sou um bom companheiro.

EU VENHO DO CULHÃO DO MUNDO

> Para o sertão do Pajeú e os poetas e poetisas de lá

Foi de lá que eu vim.
De onde Judas usava botas e perdeu depois daqui
Na caminhada gastou as solas.
Vim caminhando também dali.
Nasci no sul, sem muito orgulho, que é uma gente muito racista.
Cresci no Rio, de onde surge toda essa gente bolsonarista.
Não me confunda com os de onde venho.
Porque, diferente deles, eu sou artista.

Nasceu teu filho, mas não é macho.
Lamentou quem a notícia dizia.
Naquele tempo não se falava ainda em ultrassonografia.

Hoje me vês, cara de homem com muita luta e hormonioterapia,
mas não sou homem, nem mulher,
vais entender minha cantoria.
Eu sou artista, eu sou poeta.
Eu sou palavra. Que ironia.

Eu vim do sul, vivi no sudeste. E nunca me entendi do território.
No sul diziam que eu chiava,

no Rio, que o meu esse sibila.
No sul, é certo que é carioca.
No Rio, gaúcho ou paulista.
Eu não finquei pé em nenhum chão.
Eu nunca tive o meu lugar.

Eu vivo andando a procurar uma terra de gente poeta.
Onde a palavra corra solta até em boca analfabeta.
Que a palavra é falada antes de de ser escrivida.
E toda vida ouvi falar que existe um lugar onde corre um rio.

Um Rio no sertão chamado Pajeu,
de onde quem de sua água bebe,
se cura de toda dor, renasce,
se reveste poeta e fala das coisas do mundo.

E passa a ser artista e vive comunhão
cantando as cantorias que duvida até o cramulhão.
Que faz rima, verso, glosa, cordel, quanta inspiração.
Soube até que o Bandeira, que veio também de lá.
Veio aqui conhecer poetas pra muito se inspirar.
Mencionou todos os homens.
Não conheceu poeta mulher?
Não existe poeta melhor, isso o slam já me ensinou.
Poeta é uma sina de quem vê em tudo uma flor.
Pra cada injustiça social, um verso consolador.
Poeta é gente que cura com seu escrivinhador.
Mas quem cura o poeta que tá sofrendo de amor?

O peito cheio de alma, querendo sair pela boca.

A angústia de tanta falta, esvaziando o peito.

Como você está? Me perguntam.
Respondo sempre: estou vivo.
Mas sinto que minto.
Que a vida me foi arrancada por dentro.
Tô oco, perdi minhas asas.
E as palavras já não visitam.
É tanta da punhalada.
É tanto atravessamento.
Que eu tô chamando minha alma, que ela volte pra dentro.
Que poeta morto só vale pra receber homenagem.
Poeta vivo, sem alma, é depressão sem coragem.
Eu preciso de muita calma pra fortalecer o meu tempo
pra escrever outras viagens, futuros e utopias.
Sonhar novos mundos, imagens, fundar filosofias.
Voltar a falar das lembranças,
legado de quem fazia.
Ensinar e sonhar com a palavra
e não ter a alma vazia.
Fazer as pazes com a coragem
já muito me fortalecia.

Eu vou em busca do sonho,
de lavar minha alma no Rio
e me tornar poeta.

Pensando bem na rima que vá chegar até tu.
Que tem que ter muito cuidado pra rimar com Pajeu.
Que não quero desrespeitar o nome do teu Rio.

E sigo nessa busca de nadar contra corrente,
"saindo do Mar até o Riacho do Navio".
Pra ver se recupero minha alma em assobio.
E volto a um Baião cantarolar.
Busquei algumas rimas pra homenagear o Pajeú
e volta e meia me coçava ... uma rima.
E eu, que não sou nenhuma safada, não pude deixar passar.

Pois de cu eu não tenho medo, que o meu eu já dei gostoso.
Quem tem medo é poeta LGBTIfóbico medroso.
Mas soube que no Pajeú só tem poeta corajoso
que quem não dá respeita ou pelo menos lava cheiroso.

Mas isso aqui não é piada, é um poema bem sério
sobre todo esse mistério que ronda o Pajeú.
E como toda gente já nasce assim poeta.
E tem também as poetizas,
que elas preferem ser chamadas assim.
Poeta é um termo que invisibiliza a luta que elas buscaram
e foram elas que fizeram que lá eu quisesse chegar.
Mulheres que improvisam com muita inspiração,
tem uma delas que vem da cidade de solidão.

Sinto que ali também moro, sem conhecer a cidade.
E sem saber nadar nesse Rio de solidão,
me sinto também de Afogados um grande sobrevivente.
Aqui me chamam poeta.
Por nome que escolhi: Tom Grito
mas quero me banhar nas águas do Pajeú
pra renascer-me poeta em São José do Egito.

Espero contar, portanto, com sua contribuição
Comprando este livreto, em PDF, na promoção por apenas 10 reais, ou mais pra quem abre a mão.
Com a verba deste livreto, que editei bem bonito, irás contribuir com minha ida a São José do Egito.

As passagens eu já tenho,
ganhei de outro poeta a quem muito admiro,
e quando daqui da Transilvânia sair meu avião,
pretendo acenar Sertania e saudar a terra conterrânea
desse escritor amado,
que não tem vírgula na palavra
e pode ser ácido ou alcalino,
te agradeço fortemente
por me permitir sonhar em ser poeta como tu,
meu querido Marcelino.
Já tenho também onde ficar,
na casa de outra poeta,
que a gente é da correria e dá um jeito, reza pra lua, se vira.
Agradeço quem me plantou esse sonho, que foi Luna Vitrolira.

Agradeço também a você,
que comprar este livreto,
pois ver vivo um poeta
é coisa quase em extinção,
e os meus andam suicidados
e quase sem esperança.

Já elegemos o Lula, recuperamos a nação.
Espero recuperar minha alma pra transformar em canção.
Apoie a minha viagem e colabore com um poeta trans em ação.

CORAÇÃO SUDESTINO

Meu coração sudestino
Era só seca
Solo arenoso, árido
Chão rachado em que ninguém pisa
Machucado
Subnutrido o músculo vital
Pulsava acelerado
Desconectado dos sonhos
Você chegou a divagar
Devagarinho
Fez desaguar
Os fluxos
Transposição
de mim,
Hidratação
Cultura, poesia
Desbatismo
Inundação
Amor
Plantio
Saudade
Encantados
Visão
Sou só vontade de Ser

Tão...
Poeta
Já não faço a egípcia
Egipcience
ciente da Solidão
Alagado de saudade
na Engazeira do meu sentimento
espero o trunfo do amor
verdadeiro de Salgueiro
que me leve ao Triunfo
de ser tão Sertânia
sertanejo, poeta, cantador
daqueles que tem motivo
de enxergar outra cor
de escrever outros versos
Sem metrificar as relações
Olhar nos olhos
Sonhar futuros
viagens, livros
planos
de encontrar a moça
pernambucana
que mexeu com minha
cabeça,
Andressa.

CARTA No.1 - CARTA AO MUNDO DOS FALOS

Carta no 1.

Carta ao mundo dos falos,

Aos homens cisgêneros brancos de falos enormes e egos medidos pelo tamanho do pau desde as réguas dos banheiros de adolescentes espinhosos. Aos homens cisgêneros héteros que chamam mulheres de histéricas pra tentar manter posições históricas de poder. Aos homens cis gays, especialmente as que não se aceitam passivas, aos goys, que celebram nos gols a oportunidade do afeto e do encostar de barba do companheiro amado. Aos lutadores e badboys que suam e se derramam sobre o suor do parceiro e depois ficam desejando escondidamente no chuveiro, mas não se permitem sentar, montar, afeminar, falar manso, amenizar.

Eu desejo que vocês brochem.

Aos homens cis engravatados, aos bilionários do poder, aos homens que poderiam erradicar a fome, mas preferem controlar o cu dos outros e libertar a expressão de suas narrativas de ódio.

Eu desejo que vocês falhem.

Que seus falos falhem e recaiam sobre a descoberta de não se medir pelo tamanho de um membro que tem no máximo um palmo ou dois.

Eu desejo que, após descobrirem a impotência, a falência, a pobreza e a rouquidão do silenciamento dos covardes, dos tímidos, dos inseguros, dos medianos, dos nerds e freaks, e os que sofreram bullying e opressões...

Após se renderem à impossibilidade, à falta de oportunidade, à incapacidade, à humanidade, vocês saibam o que é ter tido privilégio e reconheçam que todo o ódio, ira, tesão, guerra, fama, obeliscos e pirâmides, estátuas de homens cisgêneros brancos e padrões devem ser derrubados para que finalmente os grelos e cus, as necas desaquendadas, os cotovelos, joelhos, dildos, línguas e dedos sejam reconhecidos, sugados, lambidos e bem cuidados.

Desta forma, após serem todes brochas, reconhecerão as potências de outras partes do corpo, encontrarão outras terminações nervosas e prazerosas e poderão enfim amar a algo além do seu próprio umbigo, algo maior que seu próprio pau, a imperfeição, que é uma das maiores qualidades da humanidade.

De um cara sem pau pra uns caras de pau

Após divulgar e vender o zine em pdf com este poema, estive em janeiro de 2023 na Festa de Louro no sertão do Pajeú, em São José do Egito/Pernambuco, onde realizei meu Desbatismo de Poeta nas águas do Pajeú e renasci poeta.
A Festa de Louro é organizada por Antônio Marinho e seus irmãos em homenagem ao seu avô, o poeta e cantador Lourival Batista.

EU SOU COMO VOCÊ

*para Belchior e Helena Bielinski**

Hoje eu não me perdi de mim
A gente quase sempre se perde
Entre os desejos de sonhar distâncias dos percursos que nos foram traçados
E o tamanho dos passos
e a dor nos pés e as costas
de carregar as próprias trajetórias
"Eu sou como você"
minha amiga* canta
como Belchior disse
e eu me sinto parte do todo que nos compõe
e que era muito mais lindo do que é o real.
Cada trabalho lido
precisa ser recompensado
e a história de futuro que criamos
é o que vai desenhando as marcas de nossa presença no mundo.

O medo é profundo de não poder criar
de ter de seguir caminhos impostos
e a maior parte das pessoas se cala pra não ter de discordar.

A dissonância
a discordância

a sua voz coragem me acolhe e me faz pertencer.
Sei quem sou
e por mais que não saiba por onde ir
tenho certeza dos flancos que vou esculpindo nessa estrada.
A vida é palavra que não tem volta
nem rima mais bonita do que essa sua risada tempestade trovão
à luz de velas
nessa escuridão.

ME ESPERA?

Eu sentei no sol pra te ouvir falar de solidão. Seria mais fácil se eu pudesse ir até aí, te colocar debaixo do chuveiro frio depois de tomarmos um porre juntos. É que a gente entendeu a importância do abraço, e de que valem esses membros pendentes pesados dos ombros se não alcanço teu corpo e só levo objetos à boca compulsivamente? Não tenho medo de engordar, eu já sou gordo e sei que é assim que você me reconhece. Diria até que é assim que você me ama, mas não posso bem afirmar, pois agora há pouco soube que você não tem se amado. Talvez pense que quem pensa em si é egoísta, mas deixar de pensar em si não te faz altruísta nem salva o mundo. Não conhecemos a cura. Não sei se conheceremos. Uns dizem que você é uma deusa, você insiste em repetir, da boca pra fora, que é só uma mulher, mas eu que sei de tudo e te reconheço, sei que você é seu próprio meteoro tentando acertar tua crosta com unhas e resvalando lava nos asteróides que te circundam. Eu sei bem o que tu passas, mas não me comprometo nem te contradigo, eu atravesso o risco, finjo comprar álcool gel e te abraço como quem oferece uma breve cura pra solidão, ou pra angústia. Quando uma criança não nasce por escolha própria, diz-se que não vingou. Poetas caem no mundo sem escolha e ficam tentando vingar uma morte que ronda, mas teima em não cumprir horário. A morte se atrasa e me deixa esperando como quem se arruma pra um casamento e é abandonado no altar de fraque e com topete. Quem nunca se atrasa, é a loucura, ela chega sempre antes do que esperamos e nos abraça, se a gente não aceita o abraço ela sobe nas costas e na garupa e sem perceber já a estamos carregando, e ela pesa muito, ela pesa sempre, é por isso que a gente sente esse cansaço.

Eu te falei, minha amiga, eu não tenho a cura, mas trago aqui meus fogos de artifício pra estouramos juntos, eles são bonitos, coloridos, fazem algum barulho e podem desviar nossa atenção até que a dor passe, o cansaço cesse e não lembrem mais de nossos nomes. Enquanto isso, eu não me esqueço de você. Eu estou comprometido em beber contigo e sonharmos um futuro diferente disso tudo assim que tudo isso acabar. Por favor, me espera.

OS ÚLTIMOS
DIAS DE GILDA

Para Gênesis

Hey, amiga.
Avisa pra Nequém que eu fiz um mapa do futuro e já determinei pra poesia que ela vá buscar tua alma.
Eu tenho acordos com a poesia e ela me disse que, apesar de tu negar, ela já avisou que tú é poeta.
Antes era o verbo e desde o princípio e sempre e tanto e o verbo se fez carne e veio te avisar que a poesia não abandona quem gera as filhas do mundo.
Mana, o tapa que a vida te deu em mim também dói, mas dói mais o futuro do pretérito que tá escrito antes mesmo da gente se apaixonar pela heroína.
Tava escrito no título que Gilda iria morrer e você torcia por ela como quem torce pela eternidade, mas eterna mesma é só a nossa poesia.
Te escrevo essa declaração de afeto em forma de poema, em códigos que só quatro pessoas entendem, eu, tu, meu amor e Carol. E sinto falta de quando era só olhar nos olhos de vocês e eu sabia qual verso improvisar pra impulsionar uma multidão, pois estávamos juntas e a coletividade era uma só.
Eu ainda olho nos olhos de vocês, mas de alguma forma a dor nos acionou gatilhos no corpo. A dor acionou os gatilhos de quem sabe que vender poemas não é tarefa pra poeta. Tarefa pra poeta é contar sobre o

futuro pra que as pessoas saibam qual caminho sonhar.
Desde que nossas dores foram vendidas e nossas almas foram feridas, elas já não escrevem da mesma forma, elas já não sonham outros futuros porque sabem que o destino de Gilda é morrer ou enfrentar. E a gente tá tão cansado do enfrentamento, a gente tá esgotado do front, pois estar na frente da multidão quer dizer morrer primeiro por uma população que nem respeita a nossa memória.
Mas eu te aviso que elas não sabem que escrevo aqui só pra ti. E cada um recebe o recado que entende, e mesmo que eu diga insistentemente que as questões são pessoais, individuais e intransferíveis, a missão do ofício faz que nos ouçam e leiam, e ainda que sem memória, e ainda que sem futuro, nossa palavra é ventania que impulsiona caravelas de velas rotas, mas que avançam de ré nos mares pra descolonizar tudo que foi padronizado até então.
Tú é poeta, desde o princípio, quando te vi reluzir em Nova Iguaçu e te congelei no tempo com a lua em teus braços num sobressalto onde tremia o solo e gritava de amor. Mas tu já era poeta antes, quando histórias que nem sei contar te aconteciam criança, e mesmo que negues até o futuro, algum dia o título dos TCCs e teses que estudarem a literatura de agora também vão confirmar. Porque ser poeta é como a morte, chega como um medo e vira companhia até que se inscreva na vida da gente e dá essa força de um fantasma que enfrenta o fascismo e dá esse corpo que não é a filha de ninguém, mas traz conforto pra cada mãe que perdeu seu lar. Então volta, alma amiga, volta pra tua missão, que ser coxo na vida é coisa que nunca fomos e tu é desdobravel, nem alegre, nem triste. Eu não sei o caminho, mas eu posso te contar como fiz, e tem muitas coisas que eu sei que você sabe como se faz. Volta, alma amiga, que minha amiga poeta tá precisando tirar o cansaço, sentir os abraços e voltar a ter esperança de futuro. Eu fiz um acordo com a morte, antes eu a procurava e ela dizia que não era a hora, agora que ela

anda rondando, eu já não a chamo e tenho medo que me pegue em mal momento. Meu acordo é que ela respeite o tempo. Então faço agora um acordo com tua alma, assim como fiz com a minha. Ela precisa desmatar o tempo. Pois é o tempo que tudo sabe e que traz de volta o que quer que tenha sido. E tem gente que nunca volta e tem sorte que nunca se esvai mesmo quando a gente pensa que foi. Mas a sorte tá ali e o tempo, ainda que escorra pelo chão da vida, ele nunca morre, ele retorna chuva, cachoeira ou como partículas e poeira estelar de galáxias que vão se chocar daqui a quatro bilhões de anos na velocidade de quem chega na lua em uma hora luz, não no horário de Brasília, porque no horário de Brasília só vive o genocida que eu meti no texto só pra provar que o nosso íntimo também é político e que, ainda que essa carta seja só pra você, se amanhã eu postar, se tu deixar, eu aposto, assim como aposto que ela confirma que a nossa palavra vale, nem que seja o seu like. Te amo, amiga.

EU SEI COMO SAIR
VIVO DISSO.

> para Carol e Gênesis

Na brisa entre brahmas, escamas e md, decidimos, vamos pular juntas.
não deve ser dolorido decidir se houver companhia até o fim
cortar a tela de segurança deu trabalho como tirar as tranças dos cabelos,
coisa que só uma família junta pode fazer.
estavamos determinadas.
numa escala chapação, eram uns 30 andares verticalmente e mais uns
200 metros na horizontal, segundo a minha perspectiva até a sapucaí.
o objetivo não era morrer, apenas interromper a dor.
há que se ter um caminho para três poetas que sonham futuros
demos as mãos, tomamos distâncias cuidadosas, de ré, recuamos até
encontrar a mesa e contamos até três.
nunca voei de asa-delta mas os passos pareceram seguir como quem
salta da pedra da gavea.
senti os pés saírem do chão e então percebi,
não estamos juntas
cada qual tem sua trajetória, suas mãos escorregaram da minha e entendi
que Carol não pulou.
Ficou parada nos próprios pensamentos de despedida e cura, imóvel, a
orar por nós.
Olhei pra Gênesis, que despencava e me dizia, concentra, voa, Tom,
e mudou de curso como quem plana, abriu os braços e voou, não
acompanhei com os olhos quando pousou na sapucaí pois sentia a dor

do encontro com o solo, tinha certeza, enfim consegui concluir algum feito na vida.
a cabeça doía, pensava que depois da morte não haveria dor.
limpei a baba do rosto e senti o gosto do carpete, as luzes piscavam ao redor, Gênesis dançava, Carol ao violão cantarolava um poema, alguém trouxe um óculos de lente colorida e observei a sapucaí incendiar sob a lente vermelha. Pensei, e se a gente pulasse?
Lembrei que eu pulo todos os dias e só sinto ressaca. Nem a morte vale essa ressaca.
Melhor não tentar morrer novamente hoje.
Eu sei como sair vivo disso.

EU DESAPRENDI COMO SE SONHA

É isso que querem da gente.
Que a gente desista de lutar.
Pra deixar o mundo do jeito que está,
pra não pensar como mudar,
pra não ter forças.

Primeiro, te indicam um caminho por onde ir
Depois, te julgam por não seguir
E te espancam se persistir

Mas tu é brasileiro, já nasce dançando na malemolência
já vibra sambando, cruzando os passos, gira, performa,
encontra um caminho, chora, levanta, sacode a poeira
arregaça as mangas, prepara pro golpe, ginga

a vida é truque, aquenda quando precisa passar,
faz carão, respira fundo, impõe respeito, ou medo
cruza os braços pra esconder os peitos
põe os pés pra trás pra ninguém te ver sentado

cuidado, tem gente cis à beça
tem até gente que ainda é cristão
ninguém lembra que foi formado

e esquece a própria colonização
eu acho curioso que tem viado
que quer a benção do papa
e travesti que quer higienização
tem gente trans que se diz hétera
e que chama de cis quem não faz
hormonização

a vida é louca, o tempo é poucas
e o corre é um dia de cada vez
senão a gente morre
pelas mãos dos transfóbicos
ou pela ausência de posicionamento de vocês

eu já tentei morrer tantas vezes
que começo a acreditar que tenho uma missão
se fosse católico eu rezava pro Julio Lancellotti
assumir o governo de São Paulo
e ordenar minha santificação

todo artista é quase um santo
faz milagre pra se manter de pé
toda arte é um pouco pecado
um pouco sagrado
e bastante de fé

eu acredito na minha potência
palavra bonita que um coach estragou
então persisto com paciência
pra entender essa gente

eu sei como sair disso vivo

que se padronizou
não quero mudar de uma caixa pra outra
de rosa pra azul, ou outra cor qualquer
eu quero me desencaixotar
não quero ser homem e nem fui mulher

e se me perguntam
como me chamar
não preciso explicar
respondo "chouriço"

já não choro tanto
já sei gargalhar
um dia por vez
eu sei
como sair vivo
disso

OS OLHOS TRISTES NA MOLDURA

A foto de criança estampa um olhar que reconheço, poucas vezes vi esse mesmo olhar no espelho como agora. A criança que hoje reconheço sou eu antes mesmo de eu ser. Existem crianças estampadas em fotos que lembro que não fui, estava ali para exercer uma necessidade não minha de existência, a memória desse aprisionamento chega a doer. Queimei essas fotos. Ontem lembrei que minha mãe era uma trambiqueira, não é uma coisa boa para se lembrar sobre mães, os golpes que deu em mim mesmo. Minha primeira conta universitária, minha mãe passou 10 cheques sem fundo com meu limpo nome morto. Hoje, que já mudei de nome, sigo conectado ao mesmo CPF, endividado por culpa de minha mãe e de meu sujo nome morto e por minha própria responsabilidade de agir como um menino perdido quando lido com minhas finanças, é mais fácil falar do que fazer. Ensino empreendedores a cuidarem de seus negócios e sonho com o dia em que eu consiga separar meu prolabore de meu fluxo de caixa e entenda que sou pessoa física, jurídica, artística, poética, nome morto limpo, nome morto sujo, nome social, nome de registro, nome retificado, nomeado, emoldurado, certificado de mim, eu sou aquele olhar daquela criança na moldura de madeira que diz que sou um rosto angélico, a semente do amanhã. O amanhã chegou e eu nunca fui rodeado por anjos, nem acredito em demônios, plantei algumas sementes e meu olhar segue triste, a felicidade é mesmo superestimada, especialmente no Instagram, que estragam tudo que se posta e não tiver mais de três curtidas porque não fala de fofoca ou de polêmicas, ser ponderado não dá engajamento, ser engajado não dá curtida, ser artista não dá dinheiro, mas eu não sei outro jeito de ser e estar no mundo, eu me desafio a estar e ser presente, pra fazer algum sentido, sentir, vivo.

Hoje eu tive um dia feliz, não estou em vulnerabilidade financeira e estou entendendo os problemas que tenho com o dinheiro. Eu queria muito que tudo fosse baseado no escambo, eu te dou uma coisa, você me dá outra e a gente segue feliz, mas tem sempre alguém querendo tirar vantagem da sua situação e generosidade. Uma vez uma moça me pediu ajuda que queria usar 20 reais pra comprar um padê, eu tinha 50 e falei pra ela que precisava dos 30 pra ir pra casa, ela concordou, pegou os cinquenta e gritou na minha cara: Rá! E correu! Eu admiro quem admite, de alguma forma, eu admiro quem exerce o golpe, pela capacidade de exercê-lo, não apenas pela coragem de fazer, mas ainda mais pela falta de limite. Eu sempre impus limites sobre mim mesmo na tentativa de respeitar o outro. Nesse dia que levei um Rá fiquei andando pela Lapa pedindo ajuda para voltar para casa, não lembro quem, mas alguma pessoa amiga me emprestou 30 reais para eu pagar meu táxi de volta. É curioso que eu me lembre da pessoa que me fez o Rá, mas não lembre de quem me cuidou e ofereceu acolhimento. A memória da gente é seletiva, eu não sei como escolho o que lembro, eu esqueço muito das coisas, mas as coisas que eu queria esquecer ficam vivas e machucando. Eu tenho tentado lembrar das coisas boas. Teve uma vez que fiz um potinho da gratidão e escrevi todas as noites algo para agradecer no dia. Ao final do ano, já tinha encerrado e superado um relacionamento e percebi que 70% dos meus agradecimentos eram quando essa pessoa com quem me relacionava tinha feito algo de bom, como me procurar: "agradeço que hoje fulano me ligou". A gente quer tanto ser amado, e nem percebe que quer ser famoso pra poder ser amado, e quer curtidas porque quer ser amado, e a gente só repara naquele que não ama, naquele que dá golpe, naquele que machuca, e esquece que tem uma porção de amigos que cuida e acolhe, que lembra e chama, e você nem liga de volta porque está sofrendo por um ex-amor que já tá no terceiro relacionamento monogâmico depois de você e você não consegue amar ninguém, mesmo sendo livre para amar a todos, somente porque você não ama ainda aquele olhar triste na moldura de madeira pra quem você nunca deu colo porque tava esperando um lugar quentinho na barriga da sua mãe que tava lidando com os próprios problemas de não saber como te sustentar nesse mundo. Hoje eu olhei fixamente nos olhos dela, aquela criança de olhos tristes, e enquanto eu olhava um catavento girou na minha visão periférica e eu senti a conexão de nossos olhares e senti o vento e reconheci essa tristeza que eu sei que nos conecta e acompanha, essa tristeza que é não saber como se faz pra sonhar um mundo que você não controla, a tristeza serena de quem tá vivo e sabe que tem algo grande pra fazer e sabe que não tem preparo pra lidar, e é essa tristeza, meu bem, de quem é responsável por quem se é que te fez poeta, alguém que sabe, e você sabe que eu, repita comigo, eu sei como sair vivo disso.

AINDA DÁ TEMPO

Atravesso o espaço tempo em espiral
sou pedra lançada do amanhã
pra desajustar os ponteiros
do que ficou não resolvido
Nada é pra trás
Nunca é avante
Tudo é sempre
Futuro é semente lançada anteontem
que cresce no tempo das coisas
nem tarde, nem nunca
nem devagar, nem apressado
no tempo que deve ser
Zezé já dizia que
"filhote de gato que nasce em forno
não é biscoito, é gato"
Ainda bem que Zezé é carioca
senão capaz que o gato não fosse bolacha
Zezé nunca deixou de ser
assim como o gato nunca fora
Nunca Fora Gato
Nunca Fora Temer
Nunca Não vai ter Copa
O peso das coisas se perde quando gasta
Negócio de usar o nome de deusa em vão

é essa a lição
Não gaste palavra de valor
pra num perder valor
Riqueza vem de dentro do sonho
de dentro do guardado das coisas
do segredo de quem só conta quando alcança depois de tanto que espera
Futuro é a pedra de Exu
me lançando um itã
pra me fazer recordar
de quem eu ainda posso ser
O que é teu tá guardado
sempre disseram
Uma vez eu soube
Amanhã escrevo isso
pra desde o princípio
a gente lembrar
de cê lembrar
celebre!

eu sei como sair disso vivo

Tom Grito

Malê Editora e Produtora Cultural LTDA.
editoramale.com.br
contato@editoramale.com.br

Essa obra foi composta em Arno Pro Light e Caecilia Lt Pro (miolo) impressa na gráfica Trio em papel Pólen Soft para Editora Malê, no Rio de Janeiro, em novembro de 2023